人物叢書

新装版

中野正剛《なかのせいごう》

猪俣敬太郎

JN070292

日本歴史学会編集

吉川弘文館

中野正剛肖像

中野正剛筆蹟

（東京都　鈴木尚虎氏所蔵）

豪傑之士雖ㇾ無二文王一猶興　正剛

中野正剛筆蹟

（東京都　鈴木尚虎氏所蔵）

鼎鑊甘如ㇾ飴求ㇾ之不ㇾ可ㇾ得　録文天祥句　耕堂正剛

はしがき

中野正剛については、これまで緒方竹虎氏の『人間中野正剛』をはじめ、いろいろ書かれているけれども、全生涯にわたる伝記としては、この小著が最初のものである。そのためにも、本叢書の特色である「正確な伝記」となるよう努力したつもりである。

明治の末、朝日新聞記者として社会にスタートしてから、昭和のはじめに「議会中心政治」を綱領とする民政党の中堅政治家となるまで、「自由民権」の熱烈な使徒であった彼が、満洲事変を契機として、なぜ全体主義に豹変し、ヒトラーに傾倒したのか。そして日本的ファシズムが東条内閣に具現したとき、なぜ「自由をわれにあたえよ、しからずんば死をあたえよ」と叫んで、ふたたび自由主義に回帰しようとしたのか。わたしが伝記執筆を志したのは、この「なぜ」を解明したかったからである。

しかしこの疑問は、まだわたし自身にもまったくは解けていないし、これを掘り下げて書くことも本書のページ数ではむつかしい。ただ解明の手がかりとなるデータだけは、ほぼ読者の前に提示し得たと思っている。

本書の資料蒐集その他について、正剛会の白木茂三郎氏から一方ならぬ協力をいただいた。厚くお礼を申し上げる。

昭和三十五年六月

猪俣敬太郎

目次

口絵

挿図

一　幼・少年時代

幼名甚太郎

中野甚太郎、のちの正剛《せいごう》は、明治十九年（一八八六）二月十二日、父泰次郎、母トラの長男として、福岡市西湊町五十八番地に生まれた。

中野家は代々黒田藩の御船方《おふなかた》、俗に船頭方という、禄高もせいぜい二—三十石の軽輩の士族で、その役目柄、家は博多港の船溜《ふなどまり》に面する北湊町にあったが、父泰次郎の代に分家し、甚太郎が三歳のときさらに鳥飼八幡にちかい西町四十六番地に移り、

質屋業

質屋を家業とした。屋号は入船屋。

母トラは福岡県糸島郡元岡の造り酒屋であった党《とう》又九郎の娘で、甚太郎が生まれたとき泰次郎は二十八歳、トラは二十歳であった。甚太郎の両親についてはとくに記すほどのこともない。

士族意識

その家系が軽輩ながらも士族であったことは、中野に明治のエリート（良選）としての士族意識を培《つちか》い、それが最後の切腹にいたってもっとも鮮《あざや》かな燃焼を示したのであった。さて、黒田藩の士族という家系は、のちのちまで自慢の種であったが、一方、家業が質屋であったことについては努めて触れたがらなかった。少年時代の中野はこの家業の質屋とともに、親からもらった甚太郎という名前が大嫌いで仕様がない。質屋が嫌いなのはわかるとして、甚太郎の名をどうして嫌ったものか。まだ学生のころから父母弟妹を自分の腕一本で養うほどの模範的総領となる中野少年にとって、〝総領の甚六〟を連想させる甚太郎には我慢がならなかったのかもしれない。

正剛と改名

中学四年、十八歳のとき、おなじ町内にいた中野甚太郎という同名の不良の車夫が悪事をして挙げられたのを機会に「正剛」と改名した。「まさかた」と読むつもりだったらしいが、彼の母が最後までそう呼んだほかは、「せいごう」で通ってしまった。思いかなって「甚太郎」と訣別《けっべつ》した彼は、以後、友人から「甚ちゃん」と呼ばれるたびに、「正剛ゾ」と一々訂正したとのことだ。いまでも福岡の古老で中野のことを「質屋の甚太郎」と呼ぶ者があるが、ともかく正剛という名には、一生を正しく剛毅《ごうき》に生き抜こうとする少年の思いがこめられていたのである。

鹿鳴館時代

中野の生れた明治十九年は、首相伊藤博文、外相井上馨《かおる》が安政条約改正のための一方便として極端な欧化政策を採り、いまだローマの盛時にいたらずして、まずその弊を学ぶものといわれた鹿鳴館《ろくめいかん》時代であった。しかし欧化政策の伊藤・井上は条約改正に失敗して、二十一年四月総辞職し、代って首相黒田清隆、外相大隈重信がその任に当った。指原《さしはら》安三の『明治政史』に「雄毅《ゆうき》果断の黒田伯と権謀敏活の大隈伯と相むすび、もつて十有余年盤根錯節《ばんこんさくせつ》の最難問題を決了《けつりよう》せんとす、なんぞそれ雄図《ゆうと》なるや」とあるとおり、大隈の奮闘によって条約改正がまさに成ろうとした二十二年十月十八日、霞ヶ関の外務省門前で投じられた爆弾は、大隈

来島恒喜

の隻脚《せっきゃく》とともに条約改正をも粉砕した。爆弾を投じた直後、前頸部を切断して果てた刺客《しかく》は、福岡の玄洋社員来島《くるしま》恒喜。のちに中野が『東京朝日』に連載して一躍文名を謳《うた》われた「明治民権史論」は、来島を、その死際《しにぎわ》の従容《しょうよう》たる、明治刺客中の第一なりといい、また彼の死後、「いかい（数多）書生のあるなかで、わたしがお好きの来島さん、三千九百万人の、頭にかかる難儀をば、ただ身一つに引き受けて、ポンと投げだす爆裂弾、すぐさま自殺の勇ましさ……」という相撲甚句《じんく》が九州一円、紅燈緑酒《こうとうりょくしゅ》の間に歌われた次第を叙して、もっとも興趣ある一節を成している。

玄洋社

大隈の条約改正を屠《ほふ》った玄洋社は、二十五年（一八九二）二月、松方内閣下の総選挙に、福岡県令《けんれい》安場保和《やすばやすかず》とむすんで選挙干渉に乗り出し、白鉢巻、たすき十字、ものものしいいでたちの社員が、「民党撲滅」に狂奔して「明治聖代の不祥事」を演じた（『玄洋社史』）。この選挙干渉を一代の不覚とした頭山満《とうやまみつる》は、以来、眠れる獅子のごとく林中深くその姿を隠して（『社史』）、まったく政治から遠ざかったが、玄洋社はこれを機として、一衣《いちい》帯水《たいすい》、玄海の彼方にある大陸に指向し、日清戦争における天佑俠《てんゆうきょう》、日露戦争における満洲義軍の活躍を経て中国革命へ進出する。

『玄洋社史』に、「そもそも筑紫の地は、往古より対外の関係ははなはだ密にして、その満・韓にたいする観念は、祖先の血より血にこれを伝えに伝う、かの蒙古賊の襲来のごとき、わが全国民のもっとも深く脳裡に印象するところなりといえども、ことに筑紫の民はその襲来をこうむりし地点なるをもって、さらにいっそうこれを肝銘《かんめい》するものあり、その他幾多の対外的大事件にもっとも多くの交渉・関係を有する筑紫の民が、つとに対外的観念の旺盛なりしは、もとよりしかるところならずんばあらず」とあるとおり、玄洋社が日本右翼の源流として、大陸発展の黒幕となったことは、一つの歴史的・地理的必然といっていい。

筑紫の地

博多湾から玄海を望む荒津《あらつ》山《やま》（いまの西公園）や、十六キロにわたって築かれた元寇防塁《ぼうるい》の跡や、そのむかし蒙古来《らい》の戦場たりし福岡市西部に、中野は生まれそして育った。

日清戦争
日露戦争

九歳のとき、日清戦争。十九歳のとき、日露戦争。その学生時代から交渉のあった平岡浩太郎や頭山満や進藤喜平太らを中心とする最盛時の玄洋社的雰囲気。こういう時代と環境が中野の人間形成に及ぼした影響は決して小さくはないであろう。

あまり悪《わる》そう（白腕）が過ぎるので、学校にやったら少しはよくなろうかと、普通より一年早く、六歳で西町小学校に入れられた。この学校はまもなく荒津小学校と合併して当仁《とうじん》小学校となり、ここで尋常科四年を終えてから、福岡師範付属小学校の高等科に進み、訓導柴田文次郎の教えを受けた。

訓導柴田文城

柴田訓導は文城と号し、国士的文人ともいうべき風格があり、長髯《ちょうぜん》をなびかせながら馬に乗って登校し、生徒に人気があった。中野が生涯師として敬事《けいじ》した柴田は漢籍の素養が深く、中野の儒教的教養はまずこの師によって導かれたのであり、のち自決当夜、愛児のために色紙に書き遺《のこ》した王之渙《おうしかん》の詩「登二鸛鵲楼一《かんじやくろうにのぼる》」も、柴田先生とともに阿夫羅《あぶら》山に遠足したとき、はじめて手ほどきされたものだという。

修猷館

明治三十二年（一八九九）、十四歳で修猷館《しゅうゆうかん》に進んだ。もと黒田藩の学問所だった修猷館は、中野の入学した年、それまでの「福岡県立尋常中学修猷館」から「福岡県中学修猷館」と改称、さらに翌年にはまったく黒田家との関係をはなれ、毎年五月三十日の創立記念日に崇福寺《そうふくじ》の黒田家墓所に参詣する慣例も廃止された。

カリエスのため休学

折角北九州の名門校に進みながら、中野はその年の大部分を休学して原級に止まった。左足大腿部《だいたいぶ》のカリエスのためである。名代《なだい》の「悪そう」であった中野は、小学生のころ、家からコッソリ米を持ち出しては馬車屋の馬を借り、乱暴に乗り回して得意だったが、そのとき落馬したためだともいい、あるいは柿の木から落ちたためともいい、ハッキリしないけれども、ともかく左の大腿部を痛めて、それがそのまま固まっていた。それを柔道の稽古のさい強打して悪化させ、前後二回九大病院に入院したが全治しなかった。その後三十六年の春休みに、馬出町《まいだし》の八木外科で手術を受け、骨の腐れを削り取った。カリエスはこれで治ったが、そのためほんの少し足が不自由になり、後年の隻脚の遠因ともなった。

道場振武館を開く

不自由にはなったが柔道はつづけ、学校の稽古だけでは足りずに中学生仲間で振武館という道場まで開いた。いまの平野国臣の碑のちかくに桑畑だった百坪の地を買い、みんなで桑の株を掘り起して地形《じぎょう》をし、ここに二十坪ばかりの道場を新築したのである。この金をつくるため中野は戸畑に平岡浩太郎を訪ねた。

平岡浩太郎

平岡は西南戦争のさい、薩軍に投じようとして筑豊（福岡県）の境で途に迷い、数日間山中を彷徨《ほうこう》、飢えと病のため倒れたとき、近江（滋賀県）から金鉱を探しに来た一人の男に救われた。そのとき平岡は、われ天下に志を得ば近江一国をあたえ行《おこな》うもの也、との「感状《かんじょう》」を書いてあたえたという話があり、箱田六輔・頭山満とならんで玄洋社の三傑といわれたが、玄洋社長を辞してから地下の黒ダイヤに着目、炭礦業で産を成した。小早川隆景の名島《なじま》城（福岡県早良郡）の大手門を福岡の自邸の正門とし、また神谷《かみや》宗湛《そうたん》の茶室を買って庭に移したりした。

さて中野が戸畑の別荘に平岡を訪ねて振武館道場のための援助を乞うと、みずから標榜《ひょうぼう》することはなはだ高く、容易に人にゆるさずといわれた平岡は（『社史』）、快《こころよ》く所望の金をあたえた上、料理番を呼んで食事を出させ、帰りの二等切符まで持たせたという。中野が三年生のときである。

切腹の仕方

少年たちは毎日夕食後に振武館に集まり、柔道を稽古した。自剛天真流の荒っぽい柔道で、月に一回紅白試合をやり、そのあと年少組が買いにやらされた二升徳利《とっくり》の回し飲みをする。飲めないなどというと、「酒も飲めないヤツが男か、破門だ」とやられ、武勇談がはずんで、「切腹の仕方は知っておかねばならん」などといい出す。やがて詩を吟じ、黒田節の今様《いまよう》を歌うのであった。

振武館は大正十三年に鳥飼八幡の境内に移り、昭和十年に中野や弟泰介の努力で改築された現在の道場には、いまも中野の名札がかかっている。戦後建てられた中野の碑もおなじ境内にある。

緒方竹虎

中野の一級下であった緒方竹虎は、『人間中野正剛』のなかで、当時の修猷館の生徒は体育として柔道をやるかあるいは剣道をやるかで、交遊も一生の方向も自然と分れた。いわば柔道の方は武断派、剣道の方は文治派で、中野は柔道派の親玉、自分は剣道派であったが、「しかし中野君は柔道派でありながら文章を書いては校内にならぶ者がなく、見るからに才気煥発《かんぱつ》の生徒であつた。そこに普通の柔道連とちがつて剣道派と相通ずるところがあり、ことにわたしは小学校時代からの友人として懇意であつた」といっている。緒方が校内にならぶ者がなかったという中野の文章は、当時の『同窓会雑誌』に収められており、早くも文章家としての片鱗を示している。

文章家の片鱗

三十五年十二月に創刊された『同窓会雑誌』を指導したのは漢文教師の益田祐《すけ》

之《ゆき》で、秋月の乱に連坐、刑死した静方《しずかた》の子、「焼火箸」というあだ名のある厳格な先生であった。そのころ七隈原《ななくまはら》（福岡県福岡市）の菊池寂阿《じゃくあ》公（武時）の墓所で祭典が行なわれたのを機会に、益田先生は、菊池武時の多々良《たたら》川討死の由来を調べて書くよう三年生の中野に命じた。苦心して書き上げた中野が、恐る恐る益田先生に提出すると、これはいい、君は立派に文章が書ける、この気持でこれからも書かねばならぬ、と激賞された。これが三十六年二月発行の『同窓会雑誌』第二号に掲載された「菊池寂阿公」である。当時の中学生がどんな文章を書いたか、最初の一節を引いて見よう。

「菊池寂阿公」

菊池寂阿公の墓は久しく寒郊《かんこう》の裡《うち》に荒れ果てて、荒涼寂莫《せきばく》、誰訪ふものもなく、余輩其廃磴《はいとう》に跪《ひざまず》きて、流涕《りゅうてい》数時、忠魂を弔《とむらい》しこと屢々なりしが、此度、龍駕西幸《りょうがせいこう》し、忝《かたじけな》くも御贈位のことありて公の義烈を表旌《ひょうせい》し給ふに至り、草莽《そうもう》の身亦歓喜に堪えず、聊《いささ》か其墓記を書して之を公にせんとす。

当時は、「山に登るの記」とか「野に遊ぶの記」とか、抽象的な課題でよく「大人のような作文」を書かされたものだと中野は語っていたが、漢文調のこの文章もまた「大人のような作文」の範囲を出るものではないけれども、文章家たる片鱗は示しているといっていい。緒方の『人間中野正剛』に、蘇《そ》東坡《とうば》であったろうか、人生字を知るは憂患の初めと教えたが、彼が少壮儒学を郷《きょう》先生について読み嚙《かじ》ったことは、彼をして終生憂患の子たらしめた、とある「郷先生」とは、柴田文城・益田祐之、それから放課後に通った漢学塾の宗《そう》盛年の三人で、中野の儒教的教養や人生観の素地はこの三人の郷先生によって培《つちか》われた。

西町の家の中野の勉強部屋は、離れの物置小屋を片づけたもので、田圃に面しており、南にはかつて黒田藩の儒者貝原益軒がその山容《さんよう》を愛したという油山や背《せ》振《ぶり》山を見晴らしていた。振武館は七－八分のところにあり、夕食後稽古して帰宅してから、五分《ごぶ》芯《しん》のランプの下で深更まで勉強した。中野はその勉強の思い出をつぎのように書いている。「晩食後型の如く柔道の道場に通つた。八時半までに帰つて燈火を親しもうと決心しながら、汗を拭《ふ》いた後の雑談に興が乗つて、九時過、十時にもならねば書斎に帰らぬことも多かつた。其都度《つど》薄弱なりし自己の意志を自責し、睡眠の時間に食い込んで深更まで読書した。書物を読みながら、自己を思ひ、環境を思ひ、エライ人にならねばならぬと思つて、燈火の親しむべきを味はつた」（『九州』昭和六年十月創刊号「燈火親むべし」）。

エライ人にならねばならぬ

エライ人にならねばならぬと思って努力した中野はそのころの愛読書として、徳富蘇峰の『静思余録』や、松村介石《かいせき》の『立志之礎《いしずえ》』等を挙げているが、とくに明治二十二年に初版を出してから十数版を重ねた青年の修養書『立志之礎』は強く印象に残っていたようである。少年時代の中野には勃興期の日本にふさわしい、素朴な立身出世への憧憬《どうけい》と発憤とがあった。

『立志之礎』

三番で卒業

明治三十八年（一九〇五）三月、修猷館卒業。成績は五十七人中三番。中野は第十

七回卒業生で、前年の第十六回生には竹虎の兄緒方大象《だいぞう》がおり、一年おくれて緒方や安川第五郎が出ている。

二　学生時代

反逆児

修猷館《しゅうゆうかん》から早稲田大学に進んだことについて、『人間中野正剛』には、当時、私立大学というと、成績の悪い者が入るものとされていたのに、優秀な中野が早稲田を選んだので、一種の「反逆児」でもあるかのごとく注目された、とある。

賊の招魂祭

黒田藩は薩長とちがって維新のバスに乗りおくれ、また西南戦争には西郷に呼《こ》応《おう》して立った士族も多かった。だから玄洋社が選挙干渉をやったとき、十年戦争当時を覚えている市民から、「今度は官軍で御座《おわ》すな、賊軍で御座すな」と聞かれたという。それで福岡では、十年戦争における官軍戦歿者の招魂祭のほかに、玄洋社を中心とする民間有志が、賊軍に投じた士族戦歿者のための招魂祭を毎年催した。中野は学校が休みになる官軍の招魂祭よりも、子供心になぜか賊の招魂祭の方に心引かれ、維新の英雄大西郷とともに死んだ郷土の先輩の招魂祭が、「賊の招魂祭」として日陰者のように扱われたのが心外に感じられてならなかったといっている。子供心に芽生えたこういう「反逆心」が、やがて薩長政府の官学よりも私学を選ぶ気持に成長したと見るのはおもしろいが、しかし本当の理由はもっと現実的であった。

「早稲田の里より」

早稲田に入学してから書いた「早稲田の里より」という文章が残っており、そのなかで中野は、帝国大学と早稲田大学の優劣に関する論争を批判して、いずれも我田引水《がでんいんすい》の論に過ぎぬとし、とにかく年限と学資とのあまり多くない人には早稲田に入ることを勧める、といっているが、彼自身もこの場合に相当した。

五人兄弟

中野の家では長男正剛のあと、二十一年ムラ、二十四年テル、二十六年泰介、二十八年武夫、三十一年秀人《ひでと》が生れ、このうち武夫は夭折《ようせつ》したが、五人兄弟を抱えており、家計も決して豊かでなかったので、高等学校から帝大への六年の官学コースよりも、高等予科、大学部合わせて四年間の早稲田を選んだのである。足さえ悪くなかったら士官学校に入りたいと思ったのも、日露戦争の最中で華やかだった軍人に憧《あこが》れただけではなく、官費で学資のいらない点を考慮したのであろう。

入学式

三十八年四月十日、入学式。鳩山和夫博士が学長として訓示、自分が二十年来実行している勉強法を説いて、諸君も勉強さえすれば年限は短いが帝国大学生に決して負けないことを保証する、といった。中野は鳩山学長が自分を模範として説いたことが気に食わなかったらしく、貴殿くらいの成功で満足する拙者ではないといいいたき心地いたし候、と書いている。

五分芯洋燈

「早稲田の里より」のなかで、「高等学校に入るよりもより多くの奮発なくしては帝国大学生に打ち勝つ可らざるは勿論、肩を並べる事も出来ざる可く候」といっているとおり、中野はよく勉強した。彼より一年おくれて修猷館を出、東京高等商業に入学した緒方は、中野と同宿して五分《ごぶ》芯洋燈《しんランプ》を共用するようになってから、官学の学生に拮抗《きっこう》して断じて一籌《いっちゅう》も輸《ゆ》すまいと努力する彼の勉強振りに実は驚いた、といっている。緒方は中国貿易を志して高商に入ったのだが、左腕の打撲症のため一時休学、帰郷したのち、中野の勧めもあって早稲田に転じた。緒方は中野に将来君の政治資金は僕が中国貿易で儲《もう》けて出してやるといい、中野はまた政治家として緒方を自分の幕僚にするつもりで早稲田への転校を勧めたとのことだ（『人間中野正剛』）。

竹馬の友の二人は小石川茗荷谷《みょうがだに》に一軒を借りて自炊生活をしたり、あるいは下戸塚にあった「蓬萊深処《ほうらいしんしょ》」という中国留学生相手の下宿屋に同宿したりして大いに梁山泊《りょうざんぱく》を気取ったが、緒方はそのころの中野の思い出をつぎのように語っている（昭和二十八年十一月十三日、東京有楽町読売ホールにおける中野追悼講演）。

わたしは東京に参りまして、中野君と長いあいだ自炊生活を一緒にしておりましたが、当時、中野君のお母さんはまだ九州におられました。その中野君のお母さんが病気であるというような知らせを受けますというと、本当に中野君は寝ない。わたしは医者でもなんでもありませんが、中野君は寝ながらお母さんの病状を手紙のままに訴え、どう判断するかと聞く。わたしは医者でないからわかりませんが、しかし、かくいえば中野君がいくらかでも心持を安らかにしやせんかといろいろなことをいう。そうして一眠りしたかと思いますと、また起き上がって、「おい、どうだろう。先刻ああいったけれども、こういう場合もあり得るじゃないか」という。「そういう場合もあり得るだろうが、しかしそれはいままでその後の病状の悪い知らせがなければ大丈夫だ」というと、「そうか」といって眠りにつくが、また一時間もたたないうちに起して病気のことを心配する。中野君のお母さんという人は割合に体の弱い方で、それだけによく病気される。わたしが幾年か中野君と自炊生活をしておりましたときのことを思い起しまして、一番今日わたしの思い出に残っておりますのは、中野君が故郷に残して来たお母さんを思う真心です。

大陸への関心

中野が最初の夏休みから上京してまもなく、ポーツマス講和会議にたいする国民の不満が爆発して日比谷の焼打ち騒ぎとなり、ついに戒厳令が布《し》かれる物々しい情勢となったが、それだけ当時の学生の対外的関心、とくに大陸にたいする関心は深かった。そして中野が在学中、郷党の大先輩頭山満に接近し、また中国の亡命客や留学生と交わったことは、時代の背景と関連して彼の大陸への志向を決定的なものにしたのである。

民報社

そのころ牛込東五軒町にあった民報社は、中国同盟会の事務所で亡命者たちの梁山泊であった。「民報社」という看板は、生き生きした躍るような文字で、学生の中野にも名筆だと思われたが、これは清朝《しんちょう》の政治家であり学者であり、「東洋のカント」ともいわれた章炳麟《しょうへいりん》の筆であった。革命運動に失敗して囚《とら》われ、出獄後日本に亡命した章炳麟は中国同盟会に加わって、機関紙『民報』を編集していた。中野はこの民報社を訪ね、のちに中国革命の大立物となった孫文や黄興《こうこう》や張継《ちょうけい》や宋教仁《そうきょうじん》らと前後して会い、心の底から東洋のことを語り合ったといっている。やがて大元帥《だいげんすい》たるべき黄興も、当時は「流離困頓《りゅうりこんとん》の一孤客」で、その身に纏《まと》いしもの、夏は汗染《あせじ》みたる古浴衣《ゆかた》、冬は垢《あか》づきたる破れ綿入れに過ぎざりし、と中野はのちに書いている（「孫逸仙、黄興両氏の風采」）。

中国留学生

日露戦争の前後にかけて東京には中国の留学生が多かった。十九歳の蔣介石がはじめて日本に来たのは明治三十九年であり、彼が孫文や陳其美《きび》と相知ったのも東京においてである。早稲田にも一クラスに二―三人の留学生がいたが、「吾人は彼等を指導し、警醒し、以て清国を拓開す可きの任あるものに候」とは中野の抱《ほう》負であった（「早稲田の里より」）。この多数の留学生のなかに、「一人甚だ勉強する男有レ之候」とあるのが、福建省の産でのちに司法総長となった林長民《りんちょうみん》である。林長民は従弟

林長民

の林尹民《いんみん》を伴って留学し、中野は一高を受験する林尹民のために漢文和訳を教えたりした。林尹民が辛亥《しんがい》革命に先立ち広東総督府を攻撃して斃《たお》れたとき、中野が『東朝』に「憶亡友林尹民」の一文を草し、哀悼したのはこういう事情のためである。

丁鑑修

中野が交わった留学生にはもう一人満洲人の丁鑑修《ていかんしゅう》がいた。日本語の不自由な彼がノートを取れずに困っているのを見かねて、中野が筆記してやったことから仲よくなった。丁鑑修は満洲国の交通部大臣のころ、総務長官の駒井徳三《こまいとくぞう》に、「わたしが早稲田を卒業できたのは中野さんのおかげです」とよく語っていたそうだ。

金子雪斎

四十一年の夏休みには二人で丁の郷里満洲を旅行して歓待されたが、この旅行の途中大連に寄り、漢字新聞の泰東日報社長で兼ねて振東塾を経営していた金子雪斎を訪ねている。金子雪斎については、中野の著『魂を吐く』に収められている「金子雪斎翁」の一文に詳しいが、青年時代から人を人とも思わぬ性癖の中野も、

頭山満

雪斎には覚えず頭が下がったといっており、生涯傾倒《けいとう》して止まなかった。

頭山満にはやはり同郷の先輩である狼《ろう》嘯月《しょうげつ》こと末永節の紹介で接近した。修猷館の『同窓会雑誌』（明治四十年十二月発行）に寄せた「西郷南洲手抄言志録を読む」には、「頭山満先生は筑前（福岡県）の先輩には珍らしき器量人なり。赤坂霊南坂の一角に盤踞《ばんきょ》して啼《な》かず蜚《と》ばざること幾年か、而も人敢てこれを侮るなし」とあり、また四十二年五月号の『日本及日本人』に「浩洞《こうとう》迂人《うじん》」のペンネームで寄稿した「土佐の民権婆さんと語る」という一文は、「三月十九日頭山先生邸を訪ふ」と書き出しているのを見ても、霊南坂の頭山邸をたびたび訪ねていたことがわかる。頭山は松方内閣の選挙干渉以来まったく韜晦《とうかい》して

一女性との文通

しまったが、しかも人あえてこれを侮るなしで、明治四十三年に雑誌『冒険世界』が各界の痛快男子十傑の読者投票を募ったところ、政治家では大隈重信、軍人では乃木希典《まれすけ》、文士では大町桂月、学者では三宅雪嶺、力士では常陸山、そして現代豪傑では頭山が一位であった。やがて頭山とともに辛亥革命に参加し、また自決にさいしては遺書を託するまでの長く深い因縁は学生時代にむすばれた。

中野の学生時代から朝日新聞記者時代へかけての環境や心境を明らかにするものに、郷里の一女性に宛てて綿々《めんめん》として綴った手紙がある。この女性は九大病院の看護婦を長く勤めて看護婦長になった野口ユキで、生涯独身で通し、昭和二十九年に亡くなったが、遺《のこ》された手箱のなかに数十通の中野の手紙と数通の緒方の手紙がキチンと保存されていた。中野は左足のカリエスで、緒方は左腕の打撲症で九大病院に入院したとき、ともに野口の看護を受けて知り合ったのだが、七つ年上のこの女性にどうして綿々たる手紙を綴ったものか。「雪子如姉《によし》」と呼んだりしているが、恋文めいたところがないでもない。野口は美しい女性であったというから、青年らしい憧憬《どうけい》を寄せたのかもしれぬが、しかし恋としてもきわめてプラトニックなものであったろう。そういう穿鑿《せんさく》はともかく、ときに丈余に及ぶこの手紙は、当時の中野の生活をそのままに伝えて興味がある。

一家の大黒柱となる

家業の質屋に失敗して廃業し、四十年夏、地行《ちぎょう》東町四十八番地に移った中野一家は、四十二年四月、おなじ月に中学教員吉村弥太郎と結婚した長女のムラを除いてみな東京に移り、牛込区弁天町百二十四番地の借家に入った。中野のいうこの「福岡落城」ののちは、彼はまだ学生の身で父母二弟一妹を扶養する一家の大黒柱となったのである。このことを野口に宛てた同年四月三十日付の手紙につぎのように報じている。

これからは善悪・禍福ともに小生の責任に候、暫らくは糊口《ここう》の為に忠実なるべく、英雄家を成すまた風流なるべきか、苦笑、係累《けいるい》も自ら作りたるに非ず、親とか弟妹とかは天の配せるもの、これ避《さ》く可《べか》らず養はざる可らず、而して小生の蟄伏《ちっぷく》豈《あ》に五年を越えんや、必ず大飛躍して御覧に入るべく候、両親をせまき所に押しこむも如何と存じ只今の借宅は地行（福岡）のものより余程大に候、費用は小生の腕一本と信用とによる、即売文と借金となり、食ひ倒しの客人も多ければ又数日内より定住の食客も一人来る筈に候、金のことは我輩が引き受けるとの一言の下に勝手気儘な浪人生活、母などは初は驚き今は稍々《やや》趣味を感じたるらしく候

この手紙に「定住の食客」とあるのは、清朝の政

野口雪子への手紙

治家岑春煊《しんしゅんけん》の息徳広を犬養毅《つよし》の紹介で預かったもので、食客というけれども実はこの下宿代のおかげで大きな家にも入り女中もおけたのである。なおこのとき学習院に通う岑徳広の人力車を引いたのが橋本徹馬で、いまいうアルバイトのためであった。中野はまた三宅雪嶺の雑誌『日本及日本人』の原稿料や、林尹民への個人教授の謝礼等で収入を得、足りない分は頭山から借金する等、ともかく学生の身の「腕一本」で一家を養ったのである。

卒業論文「支那論」

明治四十二年（一九〇九）七月、早稲田大学政治経済学科卒業。卒業論文は「支那論」であった。「清国を拓開す可きの任」あるを自負《じふ》する中野が、四年間の研鑽をこの論文にいかに結実させたかはわからないが、浮田和民教授はこの論文を激賞して非凡の天禀《てんぴん》があるといい、この若さでこれだけの文章を書ける人はほかに求め得られないだろうと語ったとのことである。卒業成績は三番。同級の風見章は五番だった。

三 『東日』から『東朝』へ

日報社に入る

明治四十二年七月、二十四歳で早稲田を卒業した中野は、風見と一緒に、日報社に入社した。四十四年二月に日報社が大阪毎日新聞社に譲渡されるまで、『東京日日』は日報社が発行していた。入社早々、七月三十日から八月二十二日まで、中野生の署名入りで「東北遊記」を連載している。これは十和田湖を中心とする観光と産業の宣伝のため、東北三県が招待した記者団に参加して書いた視察記である。

大町桂月

旅行から帰ると、『東日』の編集客員だった大町桂月が、「君の文章を読んだが、なかなかいい」とほめ、「しかし君のごとき人物がおるべくここは腐り切っている」といった。桂月はのちに十和田湖を愛してそこに永住したが、大町桂月をして十和田湖に行かしめたのは僕だよ、と中野は冗談《じょうだん》をいっていた。

桂月が中野に、ここは腐り切っているといったのは、当時日報社の経営が不振をきわめ、『東日七十年史』にも、明治四十二―三年にわたって、編集上少しの新味も活気もなく、単に惰性で発行しているに過ぎぬ風があった、と書いているくらい社内が沈滞していたのを意味したのであろう。

そんな状態だから待遇のよかろうはずはなく、中野の月給は二十円。同僚だった風見は、中野はこの月給で一家を養うため、それこそ血の出るような苦心をしていた、と語っている。しかし二十円ではどうにもならず、十一月日報社を退社し、翌十二月朝日新聞社に入った。

月給一躍三倍

このときの入社試験は、昨日、桂首相（第二次）が駿河台の西園寺侯（政友会総裁）を訪問したが、この会見はどういうことを話したのか探訪、報告を出せ、というので、主筆池辺三山が取材先への紹介状をあたえた。この結果採用されたのは中野と、のち官界に転じて北海道長官となった東大出の池田秀雄の二人で、月給は中野が六十円、池田は五十円。中野の収入は一躍三倍になったわけだが、彼はこのことを十二月十九日付野口宛ての手紙で、「今度は万事前と待遇異り、兎に角一家六口を支へ、東京にて中等の生活を為すに足る様相成候、今迄は実に算盤《そろばん》の取れぬ背水の陣的借金生活を私の一存にて一家に秘して行ひしものに候、御承知の通朝日は日本第一の新聞なり、之を根にして追々多少は政界の為に役に立つ様のことも出来申すべく候」と報じている。ちなみに四十年に入社して、「虞美人草《ぐびじんそう》」や「三四郎」を東西の『朝日』に連載していた夏目漱石《そうせき》の月給は二百円であった。

紋付袴で出社

銀座滝山町にあった社屋は木造二階建て、解版の女工は着物に日本髪で、記者も和服と洋服が半々くらいだったが、入社当時の中野について桐生悠々《ゆうゆう》は、つねに紋付袴姿で出社、国士をもって任じ、肩を怒らして書生気質《かたぎ》を現わし、覇気（あるいは衒気《げんき》）横溢《おういつ》、犬養の崇拝家で儕輩《せいはい》を見おろしていた、と語っている。

戎蛮馬登場

政治部（部長土屋大夢）に属した中野が、「戎蛮馬《じゅうばんば》」の筆名で「朝野の政治家」

と題する人物論を連載したのは明治四十四年（一九一一）五月十七日からである。戎蛮馬とは妙なペンネームだが、これは馬の好きな彼が重輓馬をもじったものだという。「朝野の政治家」が連載されたとき、絢爛《けんらん》たる文章からして主筆池辺三山の匿名《とくめい》だろうとうわささされ、読者から「三山いまだ老いず」との投書が来て、この明治の大記者を苦笑させたとのことだ。

青年時代の中野正剛（明治43年）

「朝野の政治家」

まだ無名の一記者だった中野のこの人物論が、同年十月、当時の大出版社博文館から『八面鋒《はちめんぽう》――朝野の政治家』として出版されたのを見ても、反響の大きかったことが知られる。そしてこれが中野の処女出版となった。

「朝野の政治家」は、大俗公と大通侯（桂

太郎と西園寺公望）・大浦兼武男《だん》・後藤新平男・平田東助男・原敬氏・松田正久氏・犬養毅氏・大石正巳氏・寺内正毅伯の十人を論評したもので、その末尾を「松田正久君健在なりや、犬養毅君健在なりや、原敬君健在なりや、大石正巳君健在なりや。君等の萎微《いび》として振はざるは、余をして凡庸の武人寺内の如きものを朝野政治家中の末篇に加へしめたる所以《ゆえん》なり」とむすんでいるのを見てもわかるように、久しく明治政界を壟断《ろうだん》する藩閥・軍閥にたいして政党政治家の奮起を要望した一種の檄文であった。

寺内正毅論

したがって、ときの朝鮮総督で、「陸軍長閥党とも称すべき政党の首領」として、桂に代るものと自他ともにゆるしている陸軍大将・伯爵寺内正毅論が、ほとんど弾劾《だんがい》ともいうべき筆致《ひっち》で書かれているのも当然であろう。中野は、「一介の武弁《ぶべん》」であり「凡庸の武人」である寺内は、聡明なくして度量せまきがゆえに、久しく政治家たらば失政百出して窮極するところなかるべしといい、このような

軍人と政治

軍人政治家の跋扈《ばっこ》を痛撃してつぎのように説いている。

大元帥陛下（天皇）が軍人の政治に耽《ふけ》るを喜び給はざることは、軍人への勅諭に照しても明白なり。然るに今日の如く左手《さしゅ》剣を提《ひっさ》げ、右手に算盤《そろばん》を弾《はじ》く軍人政治家の政権を壟断《ろうだん》するは、是れ何の徴ぞ。……軍人は矢張り戦陣の勇者たるを志とすべし。而して武人の精華は寧《むし》ろ此に在り。然るに軍人政治家一たび名を天下に成し、威を一世に振ふや、少壮将校の理想は全く一変せり。彼等は敵を斬り塁《るい》を奪ふを理想とせずして、胸に天保銭懸けて、某々閣下の女《じょ》婿《せい》政治家たるを志とするに至れり。才色を以て近侍たらんとする大野治長の徒甚だ多くして、武略を以て節に殉ぜんとする真田幸村・木村重成の徒益々少からんとするに至れり。嗚呼《ああ》是れ何の徴ぞ。

犬養毅論

中野が傾倒して止まぬ犬養毅は、ときに壮年五十七歳、国民党の総裁であった。

中野は、反抗こそ終始一貫して木堂《ぼくどう》の生命なりといい、酒屋の黒犬の話を引いて

酒屋の黒犬

犬養　毅

犬養を論じている。むかし、良い酒を造って、しかも市価の半ばで売る店があった。しかし酒はますます醇《じゅん》に、値いはいよいよ安いにもかかわらずサッパリ客がふえない。そこで主人が嘆息すると隣家の人のいうには、それもそのはず、あなたの店の前につないでいる黒犬は、知らない人にはかならず吠える。だから前からの馴染《なじみ》の客であなたの酒を愛飲する人だけが来るに過ぎないのだ、と。君はこの黒犬に鑑《かんが》みなければならぬといわれて、さすがの木堂も苦笑したというのである。しかし、中野はこの木堂黒犬論を反駁して、かえって木堂のためにつぎのように弁ずるのである。

然れども余私《ひそか》に一世を観ずるに、門前の黒犬を捕へて後庭に繋ぎ、蓄音機と金の招牌《かんばん》とを以て俗客を呼び、赤襷《だすき》の少婦を客引として、暖簾《のれん》の繁昌を謀らんとする者、比々として皆然り。斯の如くならば此店の酒、焉《いずく》んぞ醇《じゅん》なること昔の如きを得んや。主翁が黒犬を飼ふの愚は憐れむべきも、精進潔斎して醇酒を醸《かも》すの苦心は買はざるべからず。余は木堂が黒犬を捕へて後庭に繋ぐに同意すれども、世俗の見《けん》に媚《こ》びて、蓄音機を店頭に据え、赤襷の客引を雇ふを許さず。醇酒を醸して人の買ふなくんば、独酌して其甘味に傲《おご》れ。憂ふる所は酒の醇不醇に在りて、客の多きと少きとは、之を第二位に措《お》きて可なり。

犬養と中野

中野が、決して浮ばざる地獄谷の主人公なりといい、馴らすべからざる餓狼《がろう》なりといい、精鋭三十騎をひきいて天下を横行すれば足れりといい、酒屋の黒犬なりと評した犬養は、しかしのちには三百四名という議会史上空前の大政党の総裁となり、首相となり、政党政治最後の光芒《こうぼう》を放って地に堕《お》ちた。この犬養評はむしろ評者自身にたいして適切であった。中野こそその生涯を通じて酒屋の黒犬であったからだ。

大阪通信部

中野が売り出した四十四年の十一月に、『東朝』は主筆池辺三山の辞職に伴う人事異動と機構改革を行い、新たに大阪通信部が設けられ、中野は政治部からここに回った。

弓削田精一 緒方・大西の入社

部長は漱石が「正直にて一本気の至極よき人間に候」といった（四十年七月八日付、野間真綱宛て手紙）弓削田《ゆげた》精一で、同年早大専門部政治経済科を出た緒方と、四十一年に修猷館《しゅうゆうかん》を出てから上海の同文書院に学んだ大西斎《いつき》の二人も中野の推薦でこの大阪通信部に入った。修猷館三人組の分担は、中野が一般政治、緒方が軍事・財政、大西が政党と東方問題であった。部長の弓削田が緒方と大西について、「年少者也、訓練して大成せしめんことを期す」と書いたものが残っているそうだが（中野泰雄『父・中野正剛伝』）、二人ともこの期待に背かなかったわけである。

辛亥革命

この年の十月十日、滅満興漢を旗印とする革命の烽火が武昌にあがり、中国全土に及ぼうとしていた。明治四十四年（一九一一）は辛亥《しんがい》の年に当るところから辛亥革命と呼ばれたが、この隣国の動きにたいして、ときの西園寺内閣（第二次）は一応不干渉の方針を取ったものの、山県有朋を中心とする元老は清朝擁護に傾き、内閣を牽制した。徳富蘇峰が『国民新聞』に「対岸の火」と題して、革命によって生まれる共和政治なるものは、皇室中心主義のわが国体にとってペストよりも有害であり、決して「高桟敷《たかさじき》の見物」はできないと書いたのは、藩閥・軍閥の中国革命観を代弁したものであった。

蘇峰の共和政治ペスト論

ときに四十九歳の蘇峰は、国民新聞社長として、京城日報監督として、新聞界の大先達《せんだつ》であり、また桂公とむすんで政界にも隠然たる勢力があった。「戎蛮馬」が十二月十八日から五回にわたって書いた「対岸の火災」は、「言論界の重鎮として、一世に名を成せる」蘇峰の中国革命観を痛烈に批判し、中国の革命は必然の勢いであるとして、つぎのように結論している。

「対岸の火災」

何を苦んでか対岸の火災を杞憂《きゆう》し、之が影響を警戒するを要せん。何を労してか自立する能はざらんとする北京朝廷に左袒《さたん》し、之に代りて四億漢民族の怨敵となるを須《もち》いん。若し夫れ友国の災難を奇貨とし、名を勤王に仮りて無用の干渉を試み、以て呑噬《どんぜい》の欲に飽かんとするが如きあらば、是れ実に仁義の日本をして虎狼《ころう》の秦《しん》に倣《なら》はしむるもの、国家の徳義として忌むべきは勿論、抑《そもそも》利害を打算するに先見《せんけん》の明《めい》なきの甚だしきものなり。

革命行

「対岸の火災」を終えてから三日後の十二月二十五日、中野は『朝日』の特派員として、頭山満の一行とともに門司を出帆、上海に向かった。頭山は一足さきに向かった犬養とともに、革命騒ぎに乗じて火事場泥棒的活躍をしていた（『玄洋社史《す》』）「シナ浪人」を押えることを主な目的としていた。中野の通信にも、瘠《やせ》浪人・素浪人・幇間《ほうかん》浪人・無学浪人・酔どれ浪人・梅毒浪人、集まるも集まりたり群がるも群がりたり、とあり、こんな連中が火事場泥棒を演じたのだからことは容易でない。

頭山の決意

出不精の頭山が革命渦中の中国に出かけたのは、彼としてよほどの決意であったらしく、五十七歳の彼は、おれは歳を三十引いて行くから、みんなも二十五―六は切り捨てろ、といった。すると、二十五―六も切り捨てたら中野（二十六歳）は零になってしまう、と一同で笑ったという。中野の中国行を羨望《せんぼう》する緒方の野口宛手紙が残っている（四十五年一月十日付）。「中野君此の度の行《こう》、旧友林長民《りんちょうみん》君の急をも救ひ得、本懐之に過ぎざるべしと存候、野生《やせい》等は未だ新米の悲しさ、中々こんなお鉢は回り来らず、編輯局裏《り》不景気な年を取り申候。」

林長民と再会

林長民の急を救ったとあるのは、暗殺されたと伝えられた林が上海に潜伏しているのを発見、保護したのをいったのである。一行は十二月二十七日上海着。いまや大総統たる孫文、大元帥たる黄興らと交歓《こうかん》したが、この現地報告は翌四十五年一月八日から二月二日まで、戎蛮馬《じゅうばんば》のペンネームで断続して発表された。

余は自由を愛す

中野は上海と南京を往来して、直接革命の息吹《いぶ》きに触れ、煙硝《えんしょう》の臭いを嗅《か》いだのち、四十五年一月十六日単身上海を発《た》って帰国したが、彼の中国革命観は、「余は政治上において自由を愛するが故に、一部閥族党人の専制を懌《よろこ》ばず。此眼を転じて隣邦の形勢を一瞥《べつ》す。是《ここ》に於てか満洲朝廷の専制政治を悪《にく》みて革命党の自由思想を歓迎す」との一節に尽きている。

辛亥革命に参加してからの中野について、緒方は、この辛亥革命行《こう》は、ひとり彼の思想としてのアジア主義的傾向を培《つちか》ったばかりでなく、わたしをしていわしむれば、この行以後、彼は新聞社の編集局に跼蹐《きょくせき》することをいさぎよしとせず、一個奔放不羈《ふき》な評論家または国際論客としての生面を開いて行った、といっている（『人間中野正剛』）。たしかにこの革命行はいろいろな面で中野に大きな影響をあたえた。

此行徒爾ならず

南京から野口に宛てた一月四日付の手紙の一節に彼はこういっている。「新政府も出来たり、然れども東亜の問題は今後十年、百年継続すべく候、小弟の此行徒《と》爾《じ》ならず候。」

四　耕堂売り出す

「明治民権史論」

大正元年（一九一二）十月二日から翌二年一月二十五日まで、百一回にわたって『東朝』に連載した「明治民権史論」は、はじめて「耕堂」のペンネームを用い、中野の文名を決定的にした。『朝日七十年小史』の年譜に、「(大正元年) 十月二日、中野正剛の明治民権史論東朝に連載、世人の注目を惹く」とあるのがそれである。

民権の消長

この史論は、明治維新の五箇条の御誓文から説き起して、三十一年の大隈・板垣内閣の総辞職におわる十一篇より成り、藩閥・官僚に対抗する民権の消長を叙したのである。みずから「先輩の憤りを招き、名流の反感を買ふが如きに至りては、固《もと》より余の顧みる所に非ざるなり」というとおり、その筆鋒《ひっぽう》ははなはだ辛辣《しんらつ》で、藩閥の巨魁《きょかい》である伊藤博文をみだりにビスマルクを気取る「柔弱なる鉄血宰相」と揶揄《やゆ》し、井上馨《かおる》を貨殖侯とののしり、第一回帝国議会における民党の予算修正にさいし「政党を嫌忌《けんき》すること蛇蝎《だかつ》よりも甚だしき」山県首相の切崩しのため変節した林有造や竹内綱や大江卓らを「政界の醜業婦」とまで酷評しているが、一方、板垣や大隈や犬養や尾崎等、民党の政治家にたいしては大いに好意的な見方をしている。

「明治民権史論」は、中野が「此論の出づる、決して拇指《ぼし》・食指の輩と共に史実の瑣末《さまつ》をのみ争はんとの為ならんや、聊《いささ》か経世の意を活きたる史実の間に寓せんとするなり」というとおり、絢爛たる文章を駆り、情熱をこめて民権伸長を論じた一種の檄文的史論であって、それがおりからの大正政変にたいする憲政擁護・閥族打破の熾烈《しれつ》な国民的雰囲気にマッチして、嘖々《さくさく》たる好評を博したのである。

これは同年三月、有倫堂から出版され、その跋《ばつ》（おくがき）を書いた緒方は、もとよりこれ行余《こうよ》の作、あるいはマコーレーの『英国史』のごとく、あるいはカーライルの『英雄崇拝論』のごとく、もって君が身後《しんご》を飾るの大著述にあらずといえども云々《うんぬん》といっているが、しかし中途で政界に転じた中野にとって、「明治民権史論」はその代表的著作となった。

「史論」の連載中に、二箇師団増設を要求して容れられなかった陸軍が上原陸相（勇作）を辞職させた上、後任を推薦しないというストライキを行ったため、西園寺内閣は大正元年十二月五日総辞職の余儀なきにいたった。これがすでに元老山県有朋をバックとする陸軍の横暴として非難の声が高かったのに加えて、「内閣製造人」たる元老が、この八月に新帝の内大臣兼侍従長として宮中に入ったばかりの桂太郎を後継首相に奏薦《そうせん》し、また桂も反対を抑えるため、とくに詔勅を乞うて第三次内閣を組織したことから、閥族打破・憲政擁護の国民運動が燃え熾《さか》った。

このいわゆる大正の政変における護憲運動の二人の花形は犬養木堂（毅）・尾崎咢《がく》堂《どう》（行雄）で、大正二年一月十九日、京橋木挽町《こびきちょう》の歌舞伎座で開かれた憲政擁護大会に政友会を代表して尾崎、国民党を代表して犬養が出演した模様を、中野はつぎのように報道している（二十日付『東朝』）。

緋縅の咢堂　黒皮縅の木堂

咢堂退きて木堂現はる。咢堂は緋縅《ひおどし》を着け、木堂は黒皮縅《くろかわおどし》を着く。容姿風貌各《おのおの》異ると雖も、是当年の兄弟武者。咢堂飲みたる卓上の杯水《はいすい》、木堂其の残余を取りて飲む。満堂声なく、唯木堂が発言を待つ。嗚呼兄弟相携へて如何の戦を為さむとする。咢堂の馬の腹帯弛《ゆる》まば木堂後より之を教へよや。木堂の駒の足掻《あが》き余りに逸《はや》らば、咢堂前よりその轡《くつわ》を抑えよや。咢堂の雄弁は、珠玉を盤上に転じ、木堂が演説は、霜夜《そうや》に松籟《しょうらい》を聞く、潺湲《せんかん》の趣、淅瀝《せきれき》の声、各異なりと雖も、共に一世の雄なり。

咢堂・木堂の雄姿、雄弁もさることながら、青年記者中野の傾倒して止まぬ二先輩への感激の情が筆端からほとばしるような趣がある。

「桂公に与ふる書」

こうして一方で護憲運動に参加し、取材しながら、「史論」を書き終えた中野は、一息入れるまもなく、翌一月二十六日から「桂公に与ふる書」以下、大隈伯・政商輩・青年政治家・木堂先生・咢堂先生・浪人組・原敬君に与ふる書を連載した。これは主として政変の渦中に踊った人物を論評したものだが、木堂・咢堂の「先生」は当然として、原敬をとくに「君」呼ばわりしているのは、桂内閣が二月十一日、組閣後わずか五十三日で倒れたあと、長閥の桂に代って薩閥の山本権兵衛（海軍大将）が組閣し、これにたいし昨日まで「閥族打破」を叫んでいた政友会の原敬らが、たちまち妥協・入閣したので、中野は原を「政友会を献じて山本伯の脚下に致せし」獅子身中の虫なりとして、わざと「君」づけにしたのである。

「木堂先生に与ふる書」

桂を閥族の禍根といい、原を陰類悪物の徒といい、山本を守銭奴といって弾劾《だんがい》する一方、木堂・咢堂にたいする感激の情はほとんど沸騰点に達した感があり、「木堂先生に与ふる書」は、各節をおわるごとに、「先生それ自愛せよや」「先生

「咢堂先生に与ふる書」

益《ますます》自愛せよや」「先生夫れ加餐《かさん》自愛せよや」とリフレインしている。

山本内閣と妥協《だきょう》した政友会から脱党し、政友倶楽部に拠《よ》った尾崎に与うる書は、咢堂を討閥軍の論功において筆頭第一であるとし、先生を弁舌の士であって実行の人でないとする非難のごときは俗人の俗説に過ぎず、先生はそのもっとも長ずる弁舌をもって、新鶯《しんおう》の第一声、寒梅枝上に革新の春風を呼び起せば足るのであり、根気強く奮闘して正論の勝利とならば、名誉の月桂冠は頭上を飾るべく、もし志成らずして陋巷《ろうこう》に窮死せば、木堂とともに日本憲政史上の神たるにちかからん、野生《やせい》は先生が徹頭徹尾今日の立脚地を棄てざらんこと

尾崎行雄

を希望する、といっている。

流れを汲む人

終戦直後、連合国軍最高司令部民間情報局がＮＨＫから放送した「真相箱」は、「中野正剛氏は、近代日本の政界が生んだもっとも優れた個人主義政治家の一人であり、明治初年以来、日本の政界がはぐくみ育てて来た一連の政治家の流れを汲む人でありました」といった。この放送はかならずしも「真相」だけを伝えはしなかったが、しかしこの見方はまちがっていない。中野はたしかに明治初年以来、日本がはぐくみ育てて来た一連の政治家、すなわち木堂や咢堂の流れを汲む人、もしくは汲まんとした人であった。「憲政の神」とまで謳《うた》われた木堂と咢堂、一人は非業《ひごう》の死を遂げ、一人は天寿を全うしたが、しかしともに名誉の月桂冠を頭上に飾り、日本憲政史上の花として散ったのである。ただ、野生は来らんとする憲政の春を先生とともに楽しまんといい、先生が徹頭徹尾今日の立脚地を棄てざらんことを希望するといった中野自身が、のちにその立場を変えて、木堂・咢堂二先輩と大きく乖離《かいり》するのである。

なお尾崎が議会で行った桂弾劾演説のなかに、玉座をもって胸壁とし、詔勅をもって弾丸とし、もって政敵を倒さんとす云云《うんぬん》という有名な一句があるのをとらえて、桂側から不敬に当るとする攻撃があった。中野が「咢堂先生に与ふる書」でこれに答えている部分は、一種の人間天皇論として興味があり、またその後の政治的・思想的遍歴と照し合わせて重要だと思われるので引いておきたい。

君主は超人間ではない

君主を以て超人間的神明なりとなす思想は、世界列国の野蛮時代に共通なりしと雖も、文明の二十世紀に至りて斯の如き説を唱ふるは、是れ実に臣民たる人類が君主を以て異類となす所以《ゆえん》にて、却て君主の威厳を瀆冒《とくぼう》するものなり。……是《ここ》に於てか同じ人類たる陛下の勅語に、人類の常例に漏れずして時として誤りあるを予期せざるべからず。之を予期して其誤りの責に任ずる組織を講究せざる可らず。……然らば君主にも過《あやまち》あり、弱きあり、且又時として足らざるあるは、東西を通じて忠臣の認め明君の認むる所なり。……況や允文允武《いんぶんいんぶ》の君主と雖も、其の人類たる以上、千慮《せんりょ》に一失《いっしつ》なきを保《ほ》す可らず。此の千慮の一失を補ふべき万全の道を講ぜんとする者は咢堂先生なり。之を攻撃して不忠の臣なりとなす者は桂一輩の奸物《かんぶつ》なり。斯《かく》の如き自明の理、万人之を知らざるなし。知ると雖も敢て之を言はざるは、陰類悪物に陥擠《かんせい》せられんことを恐るゝなり。唯咢堂先生ありて進んで紫《し》宸《しん》殿上に鵺《ぬえ》を射たり。若し夫れ陰類悪物の讒誣《ざんぶ》中傷を恐れて、敢て矢を放つことを躊躇せば、宮廷の不祥は禊《はら》ふ可らざるなり。然らば咢堂先生は世人の最も憚る所を行ひて、真の立憲臣道を立てたる者なり。

『中央公論』の書評

「与ふる書」は同年五月、『七擒《きん》八縦《しょう》』と題して東亜堂書房から出版。『中央公論』七月号の書評は、「今次の政変にてメッキリ男を上げたるものは中野正剛氏なり、一般文芸の著しく発達せる今日において、ひとり論文家の欠乏を憂いつつありし読書界は、氏の出現に向かって少なからざる期待を嘱《しょく》したるもののごとし、もちろんその思想・文章、あまりに漢学臭を帯び、かつ多少稚気《ちき》を脱せざるところあるを遺憾とするも、とにかく堂々として中央論壇に乗り出せるは一種の偉観なり」といっている。

社内における孤立

大正の政変という大きな激動期に、耕堂の署名入りで「史論」や「与ふる書」を矢継早に連載、また相次いで出版されてその文名を謳《うた》われ、またみずから護憲運動に参画していたころが、彼の新聞記者生活中、もっとも精彩ある時期で、『中央公論』の評したようにメッキリ男を上げたのは事実だが、同時に彼はこのころから社内で孤立の影を濃くしていたのである。

退社後まもなく亡くなった前主筆の池辺三山や、部長の弓削田精一ら社の首脳部から愛され、政界上層部にもてはやされてはいたが、しかし中野は社の同僚とはなんとなくシックリ行かなかった。これは二年おくれて入った緒方も、中野が

ボイコット

ほかの同僚と遊離しているのにすぐ気づいたといっている。そして護憲運動の場合でも、最初から謀議に参画した関係もあって、「儕輩《せいはい》を睥睨《へいげい》するかの概《がい》」があり、そのため社内では中野の護憲運動みたいな観を呈して次第に協力しなくなり、政友会が山本内閣と妥協に決定した夜など、まだたくさん仕事が残っているのに、一人去り二人去りして編集局は中野と緒方の二人だけになってしまい、やむなく二人で夜明けまでかかって一ページの政治面を埋めたことさえあった、こうして同僚と相容れなくなったことが、京城に特派される原因となり、次いで洋行・退社となったのだ、と緒方はいっている(『人間中野正剛』)。

緒方は親友だから婉曲《えんきょく》にいうのだが、当時の名記者の一人で、とくに皇室関係記事の第一人者として定評があった西村天囚《てんしゅう》は、中野は政治経済部の記者からボイコットされたのだとハッキリいっている。これは中野の名声にたいする同僚の嫉視《しっし》にも因るであろうが、やはり中野の方に大部分の原因があったらしい。京城に行ってから古島《こじま》一雄に宛てて書いた大正三年六月二十日付の手紙に、「小生が入社以来、短日月にて社を我物顔に振舞ふと云ふは俗人等の不平の由なれど……」とあるとおり、ともすれば同僚を俗人・小人扱いして見おろすような態度に問題があった。

性狷介

これは学生時代からそうだったらしく、早稲田の同級生で親交のあった梅沢慎六はつぎのように語っている。「彼の学生時代は、狷介不羈《けんかいふき》という少しいい過ぎるかもしれないが、少なくとも孤高《ここう》、みずから高うする風があった。彼は誰とでも付合うということはなく、交遊は一部にかぎられていた。おそらく彼としては、くだらぬ連中と付合っても仕方がないと思ったのだろう。彼は友情に厚いところがあり、自分は不自由しているのに、あれこれの心づかいをした。しかし人の好き嫌いはかなりひどかった。」

好き嫌いがひどい

学生時代ならこれでもかまわないが、新聞社という機構のなかでは、そうはいかぬ。

中野は『明治民権史論』のなかで、藩閥の一大敵国であった後藤象二郎の大同団結がもろくも崩壊した一原因は、犬養らが後藤側近の小人をあまりにも性急に排斥したことにあるとして、漢籍に通暁《つうぎょう》せりという犬養は蘇東坡《そとうば》の「大臣論」を活用するを知らざりしなり、といった。

蘇東坡の「大臣論」

『唐宋八家文』に収められている「大臣論」には、国に小人あるを人にコブがあるのにたとえて、コブは首とか、のどとか、大切なところにクッついているのだから、みだりに取ってはいけないのに、一人の賤丈夫《せんじょうふ》が自分のコブの見苦しいのを怒って切り取ったために死んでしまった、とある。コブはコブとしてソッとしておけというわけだ。

「大臣論」をもって犬養をたしなめた中野自身、社内のコブともいうべき「俗人」の同僚を見おろして反感を買ったのは、持って生れた酒屋の黒犬性に加えて、若くして名声を博したことにも因るであろう。少年にして高科《こうか》に登るは一《いっ》の不幸なりというが、中野の場合もそうかもしれない。ともかくこういう事情で、大正二年の夏、中野は京城特派員として朝鮮に赴任した。常駐であるが当時は特派員と称したのである。

結婚

その直前、七月二十八日、三宅雪嶺の長女多美子と結婚した（一五八ページ写真参照）。仲人は古島一雄。

このとき、多美子の母の花圃《かほ》女史が、ある婦人雑誌に、早稲田の卒業生だというのでどうも気乗りがしなかったが、決まってみるといい婿だったので満足した、と書いたので、早大在学中だった木村毅《つよし》は、愛校心から、怪《け》しからんことをいう婆さんだと憤慨したそうである。

新婚旅行

二十八歳の新郎と二十歳の新婦は、八月十五日、新橋を発《た》った。「新妻を携へての旅立ちなれば人々は之を新婚旅行と云ふ」と中野は「京城まで」に書いている。

五　京城特派員・欧洲留学

中野夫妻は八月二十二日京城着、南山を一望に見る旭町の新居に入った。

寺内・明石

明治四十三年（一九一〇）に併合した朝鮮の、ときの総督は、さきに中野が、「朝野の政治家」で俎上《そじょう》に上《のぼ》した寺内正毅《まさたけ》、警務総官兼憲兵司令官は明石元二郎。併合以来、朝鮮では極端な言論統制が行われ、『京城日報』を総督府の機関紙としたほか、一地方一紙主義を徹底し、御用新聞以外は存続をゆるされなかった。ただ内地新聞中『朝日』が総督府の一敵国の観を呈していただけである。

「総督政治論」

中野は着任早々満洲を視察したほか努めて朝鮮各地を歩き、足で書くという態度でつぎつぎと報道しているが、とくに大正三年（一九一四）四月十六日から五月一日まで、「京城耕堂迂人《うじん》」の名で寄せた「総督政治論」は、のちに彼みずから、自分が熱血をそそいだ文章の一つ、といっている力作である。

言論の自由を要求

彼は総督政治が併合以前の虐政《ぎゃくせい》に比較すれば人民の幸福を一歩進めたことは疑いないとみとめながら、寺内・明石の官僚的干渉政治の二つの弊害として言論統制と憲兵制度を指摘、言論統制によって報道の自由を奪われた社会は暗黒社会であるとし、余は朝鮮においてまず言論報道の自由を要求せざるを得ず、といっている。

憲兵への怨嗟

また朝鮮全道にわたり憲兵にたいする怨嗟《えんさ》の声が満ち満ちており、各地に建てられている何々憲兵不忘碑なるものは、住民の憲兵にたいする心からの頌徳碑《しょうとくひ》ではなくて、実は憲兵の圧制をまぬかれようとして、諂諛《てんゆ》のために建てたものであるといい、つぎのように憲兵制度を批判している。

憲兵制度批判

憲兵は軍人の精神を以て、警察事務の一部を執行し得べきも、彼等をして社会各般の事を監督せしめんとせば、其失策に陥るは必然なり。彼等は普通の警察事務以外に、社会の風教を監督せざる可からず、言論を監督せざる可からず、個人の性向を探偵せざる可からず、企業家の財産を調査せざる可からず、地方官吏の品行を監督せざる可からず、是れ豈《あに》知識単純なる憲兵の堪ふる所ならんや。……是に於てか知るべし、朝鮮の憲兵なるものは、行政・司法の両部に跨《また》りて其権力を振ふのみならず、当然学者の領分に属すべき言論の指導、当然教育家の領分に属すべき社会風教の改善……総ての事に向ひて其力を注がざる可からざるなり。而も彼等は軍事的精神により、命令を以て其職務を執行すべきものなれば、其知識の浅薄なるに拘らず、真一文字に眼前の功を急がざる可からざるなり。是を以て彼等は勢ひ上に命ぜられたる所を以て、直に人民を強請《きようせい》し、一徹《いつてつ》不回《ふかい》の威令を行ふの已《や》むなきに至るなり。

そこで憲兵制度を廃して巡査を用いよといい、官治主義より自治主義に、干渉主義より自由主義に、総督政治の方向を転換すべきだと結論する。

内なる民主主義・外なる民族主義

ここにも当時の中野の自由主義思想を見ることができるが、しかし彼は決して朝鮮独立論や満蒙放棄論には組しない。彼は「大国大国民大人物」（『我が観たる満鮮』所載）その他の論文で、大陸経営による大国家主義を説き、内に社会政策を行って国民中流の実力を養い、この豊富な民力をもって外に植民政策を行い勢力範囲をひろげなければならぬとして、内に民主主義、外に民族主義を実現することを主張している。内なる民主主義と、外なる民族主義と、この二つのイズムは、ときに起伏し明滅しながらも、中野の生涯を通じて思想的・政治的に纏綿《てんめん》し交錯《こうさく》する。

蘆花の見た中野

大正六年に出版された徳富蘆花の満鮮紀行『死の蔭に』のなかに中野のことが書かれている。大正二年十月、京城の総督府に警務総監の明石を訪ねたときのことである。「座には先客があつた。乗馬靴をはいた蒼《あお》い顔の紳士、明石さんの赭《あか》の烈しさにたいしてこの紳士は蒼い劇しさを具象している。名刺を見れば朝日の中野耕堂君、雪嶺博士の新婿とは後で知つた。禅僧南天棒と問答に行つて、唯今この掛物の富士を五寸さげて見ろ、すぐやつて見ろ、すぐと迫られ、飛びかかつて坊主頭をぐいぐい押し下げてやつたと話していた。」

南天棒に参禅

中野は『朝日』に入ったところ、風見《かざみ》(章)や緒方とともに南天捧中原《なかはら》鄧州《とうしゅう》禅師に参禅したことがある。野口に宛てた四十二年十二月二十四日付緒方の手紙に、「近頃南天棒と云ふ豪《え》ら坊の処に中野君外二三と参禅修業、忽ち第一等の弟子と相成候、進歩党の大石正巳もあり、例の平塚明子と云ふ禅学娘もあり、どんな事を悟つて居るのやら、世の中はさまぐに御座候」とあるのがそれで、この禅学娘とは雷鳥《らいちょう》女史。雑誌『青鞜《せいとう》』をはじめる少し前のことである。

野虎禅

おなじく野口に宛てた四十三年三月十九日付の中野の手紙には、「私の機鋒《きほう》には南天捧和尚も驚き居る由、小生の禅は野狐《やこ》に非ずして野虎《やこ》也」とある。中野はこのときの話を同郷の明石にしていたのであろう。それにしても蘆花が中野について、「蒼い劇しさ」を具象していると書いていているのはおもしろい。白皙《はくせき》というか、中野は顔色がいつも白い、というより青白かったから。

蘇峰と知る

このとき蘆花を案内したのは京城日報監督だった兄の蘇峰で、中野が蘇峰と知り合ったのも京城においてである。さきに蘇峰の共和政治ペスト論を、「舞文曲筆《ぶぶんきょくひつ》」だの「偽《にせ》忠君論」だのと酷評した中野を、大先輩らしく寛容に迎えた蘇峰は、以後中野の生涯を通じてその庇護者となった。

徳富蘇峰

長男の誕生

京城の生活は、東京に残した両親と二弟（妹テルは大正元年八月、陸軍軍人竹田隆吉と結婚）の両方を支えなければならぬつましいものであった。着任した翌年の五月十日には長男が生れ、克明《かつあき》と名づけた。「日月矢の如く小生にも男児生れたり、聊《いささ》か早きに驚き候、呵々《かか》」とは古島宛て手紙（五月二十四日付）の一節である。

焦燥

さて早くも父親となり、来年は三十だ、こんなことをしてはおられぬ、という中野の焦燥《しょうそう》は古島に宛てた一連の手紙にハッキリ出ている。ボイコットされた本社に帰るつもりのない彼は、国民党の機関紙をつくれと献策して、「三浦（梧楼）・頭山・犬養三氏の名声だけでも活用すれば新聞を起す位の金は何でもなかるべく候」などと無雑作なことをいったりしている（五月二十四日付）。

洋行の金作

そこで新生面を開くため洋行を考えた。これは京城に来る前、本社とのあいだに洋行の内約があったのを、社費ではなく自費で行こうとしたのである。そのため古島を通じて、福岡の炭鉱主安川敬一郎に金作を依頼している。「金額は多々益々宜敷く候へども五千円あれば二年は十分なるべく、夫れより下れば一年半とか一年とかに短縮するを得べく候」といい、また「洋行はツマラヌ事のやうなれども小生は大にツマルやうにする決心也」とも書いている（五月三十一日付）。

ほかに三浦梧楼《ごろう》も心配してくれてどうやら旅費のめどもついたので、大正三年

私費欧洲留学ヲ許可ス

の暮、強引《ごういん》に京城から引き揚げた。「京城特派員ヲ解キ私費欧洲留学ヲ許可ス」との正式辞令が出たのは翌四年（一九一五）二月十一日である。

嗚呼我れ三十にして

三月十二日、東京駅発。その前日には杉浦重剛（東宮御学問所御用掛）がわざわざ牛込矢来《やらい》の中野の家を訪ねて壮行の詩を餞《はなむけ》し、出発の朝には三浦梧楼と三宅雪嶺の二人が東京駅に見送った。彼は「亡国の山河」と題する紀行に、十年前郷関《きょうかん》を出たとき、地方の先輩・知己・親戚は、郷里の秀才として東京に勉強せよとて自分を励ましてくれたが、いま東京駅に見送る人々は、帝国の一人物として、世界の大勢を達観し来れといって、自分の行《こう》を盛んにしている、「嗚呼《ああ》我れ三十にして帝国の我に関《かか》はるを自負せんとす」とその感慨を述べている。

「亡国の山河」

十五日、神戸で諏訪丸に乗船。『大朝』の編集局長鳥居素川《そせん》・社会部長長谷川如是閑《にょぜかん》らに見送られて出帆してから五十余日を経て五月四日、ツェッペリン空襲下のロンドンに着いた。はじめての渡欧は、「帝国の我に関《かか》はるを自負」するこの三十歳の青年になにを印象させたか。「亡国の山河」の最初の一節はこれを感慨深く語っている。

国亡びて山河在り、城春にして草木深し、嗚呼是れ何等悽愴《せいそう》の言ぞや。神戸を開纜《かいらん》してよりマルセイユに着するまで、其の経《ふ》る所は皆亡国若くは半亡国なり。而して此等亡国の民は皆吾人と思想・感情・文明の系統を同じうする有色人種にして、此等を征服し此等を利用する優勝者は、皆吾人と祖先を異にし文教を異にする白人なり。吾人は白人に対して怨なく、白人の教を受くるに吝《やぶさか》ならず。されど彼れヒューマニテイーを叫べば、我にも人道主義の声あり。彼我《ひが》の揚言する所を実行せんとならば、世界に人種的不公平あるを許すべからず。斯くて余が渡欧の旅行記は、期せずして人種的偏見を呪《のろ》ふ無韻の叙情詩となれり。

ラッフルスの銅像を仰いで

彼はまたシンガポールに上陸し、同地の建設者ラッフルスの銅像を見たときの感懐を、「敷島のヤマト男子《おのこ》は、新嘉坡《シンガポール》の埠頭《ふとう》にスタムフォード＝ラッフルスの銅像を仰ぎて、決してアングロ＝サクソンを羨《うら》やむを須《もち》ゐず。経済的に新天地に活動して、人道的に異人種の圧迫を排し、東西の人種を同じ水平線の上に立たしむべき使命は、吾人が雙肩《そうけん》に懸れるなり」といっている。

　内なる民主主義、外なる民族主義を唱える中野の民族主義は、この外遊によって漸次アジア解放の熱望と、侵略者たる白人とくに英国にたいする憎悪《ぞうお》へ凝固《ぎょうこ》して行くのである。

杉森孝次郎
本多熊太郎

ツェッペリン空襲

　ロンドンの西北ハムステッド＝ヒース、中野のいう書生街に下宿して、ここでもよく勉強し、また留学中の早大教授杉森孝次郎や日本大使館参事官の本多熊太郎らと親交した。当時読んだ一洋書の余白につぎのような書入れがしてあり、第一次大戦下のロンドンの情景を偲《しの》ばせている。「大正四年九月八日、読んで此の章を終へんとする頃、忽ち爆音の轟《とどろ》くを聞く、時に午後十一時前十五分、街頭に出でて上空を望めば、遙かホーボン辺と覚《おぼ》しき高所にツエッペリンの影あり、サーチ＝ライトにて照らされ、淡紅色に輝きて空中に焔の流るゝが如し、瞬間にして頭上に来る、フィンスベリー＝パークとパアリヤメント＝ヒルとより、防空砲の交叉撃を行へども、将《まさ》に適中せんとして毎《つね》に逸す。ツエッペリンは傾斜しながら高く東北の空に消え失せたり。此夜ホーボン被害地の火災を見る、二時帰宅。」

こうして折角ロンドンに遊学しながら、その年の十二月三日付、留守宅の弟泰介宛ての手紙には早くも留学を切り上げることに決心したと伝えている。外遊の目的は、第一に英語を早く読めるようになること、第二に自由に話せるようになること、第三に欧洲の大勢を見ることにあったが、第一の目的はほぼ達し、第二も不十分ながら政治・経済を談ずることができ、第三もこの上は書物を読めば可、大分買い込んだから帰宅して読んでも可なりとして、「帰京後の決心、満腹の経綸《けいりん》あり、正に男児飛躍の時也」といい、おなじく大正五年一月十三日付には、おれは日本の運命の神なり、政界もおれが帰れば大変化なりといい、「誇大妄想《こだいもうそう》に非ず」と加えている。

一月末よりフランス・スイス・イタリア・スペインを歴遊し、一度英国に帰ってから米国経由で七月の半ばに帰国した。

六　筆陣『東方時論』

大正五年（一九一六）夏、戦乱の欧洲から「満腹の経綸《けいりん》」を秘めて帰国した中野は、『朝日』との関係を断ち、政界への進出を期しつつ雑誌『東方時論』に拠った。

『東方時論』

『東方時論』は上海商業会議所書記長だった東則正《あずまのりまさ》が五年九月に創刊した。最初寄稿家であった中野は六年のはじめに主筆となり、七年九月には社長の東の

『東方時論』

同人

辞任で、経営をも引き受けた。六-七年ごろの時論社同人には、若山牧水《ぼくすい》・河津暹《せん》・長島隆二・吉野作造・鵜崎鷺城《ろじょう》らが名を連ねている。

東方会

またこの『東方時論』を中心として東方会という会をつくり、毎月一回時論社に集まり中華料理をつつきながら話し合った。メンバーは各界にわたり、木村雄次・金子直吉・長崎英造・高木陸郎・白石隆平・森恪《かく》・藤瀬政次郎・江口定条ら財界の中堅クラス、陸軍の林銑十郎・荒木貞夫、外務省の小村欣一・木村鋭一、大蔵省の富田勇太郎、学界の河津暹・塩沢昌貞・杉森孝次郎、それに岳父《がくふ》の三宅雪嶺も加わって多彩な顔触れであった。

千波万波

中野が『東方時論』および東方会に拠って、文字どおり筆陣を張っていた大正六年から九年にかけて、世界大戦の終結に伴う千波万波が日本に逆巻《さかま》いた。六年四月アメリカ参戦、十一月ロシア革命。七年八月米騒動・シベリア出兵、九月寺内内閣総辞職・原内閣成立、十一月世界大戦休戦。八年一月パリ平和会議、三月朝鮮独立運動（万歳事件）、五月中国の排日激化、六月ヴェルサイユ条約調印。九年一月国際連盟成立、三月尼港《にこう》（ニコライエフスク）事件。この間中野は毎号巻頭の「時論」その他を執筆、内外の諸問題を論評した。

代表的文章

緒方は『人間中野正剛』のなかで、中野は文章家であって、漢字を自由に駆使して絢爛たる文章をつくることにおいて当代ほとんど比類がないといい、その代表的文章として「西郷南洲」と「大塩中斎（平八郎）を憶《おも》ふ」の二つを挙げ、同書にも抄録している。もっとも「西郷南洲」の方は、昭和二年、鹿児島の南洲翁五十年記念祭で行った講演速記であるが、文章としても朗々誦するに足る一代の名文で、この二篇を中野の代表的文章とすることには異存がない。

米騒動と「大塩中斎を憶ふ」

大正七年（一九一八）九月号の『東方時論』に掲載した「大塩中斎を憶《おも》ふ」は、「時事日に非にして大塩中斎を憶ふ。全国各地の米穀騒動は、漸く危険なる風潮を伴ひ来りて、啻《ただ》に天保八年大阪の変を想見せしむるのみに止まらざるなり」と書き出しているとおり、おりからの米騒動を天保八年（一八三七）の大塩平八郎の乱と対比して論じたものである。かねて大塩の著『洗心洞箚記《せんしんとうさつき》』を愛読し、おなじく王陽明に傾倒する中野が、陽明学の「知行《ちこう》合一」の説を引いて大塩の挙の止むべからざるゆえんを論じたつぎの一節は、のちに東条政権と対決した中野の心境を彷《ほう》彿《ふつ》させるものがある。

陽明の説を以てすれば、知は行を併《あわ》せて始めて全く、行はざれば未だ知れりと謂《い》ふべからず。中斎は既に人民の窮困を知れり、知るが故に之を救済せざれば、誠を尽せりと謂《い》ふべからず。中斎が人民の窮困を目撃せるの刹那《せつな》、彼は死を賭《と》して之を救済するの運命に逢着せるなり。若し夫れ世の所謂《いわゆる》慈善家の如く、我は是れ迄尽力し、斯々《かくかく》の苦労を忍びたり、而も遂に目的を達する能はざるは天なりと称し、中途にして抛棄《ほうき》せば、陽明学に忠なりとは謂ふべからず。若し夫れ斃《たお》れて已《や》むの決心なくして誠意を云々《うんぬん》し得べくんば、誠なる楽天地は、怠惰者と遁辞家《とんじか》との安宅《あんたく》と化し去るべし。彼の西郷南洲が征韓論を以て進退を賭《と》したる、大塩中斎が人民救済に徹底せんとして叛逆の徒となれる、何れも已《や》むに已み難き至誠の発露なり。嗚呼《ああ》血性男児にして姚江《ようこう》の学（陽明学）に志す者、何人か南洲の如からざる、何人か中斎の侶《とも》たらざる。

最初の選挙に落選

ロンドンから弟に「政界も俺が帰れば大変化也」と気焔をあげた中野は、大正六年四月二十日の総選挙に、はじめて郷里福岡市から中立で立候補した。一名の定員を政友会系の松永安左エ門、中立で中野と修猷館《しゅうゆうかん》の同級生である宮川一貫の三人で争ったが、松永に敗れた。

パリ講和会議へ

大正八年（一九一九）一月、パリで開かれた講和会議に中野は東方時論特派員の資格で参加、日本の全権団が列国代表の前で、中国全権とくに顧維鈞《こいきん》・王正廷のようなアメリカで教育を受けたいわゆるヤング＝チャイナのために翻弄《ほんろう》されるのを目撃した。そして先に大隈内閣が要求した中国に対する二十一箇条の破棄と、大戦中日本が占領した山東《さんとう》の直接還付を主張して巧みな英語演説を行うこれら「米国製の排日使節」の背後に、新たに日本を「共同の敵」とみとめた英米の策動があり、

英米世界支配のプログラム

パリ講和会議こそは「英米の世界支配に対するプログラム」であるとして、つぎのように主張したのである。「英国極東貿易の勁敵《けいてき》が日本たる事実は、戦時中深く英人の頭脳に印せられたり。且又南太平洋諸島の処分に対し、日本に約束を与へたる英国は、戦後に及びて甚だ国防上の不安を此地に感ずるに至りたり。而して太平洋防備の不安は米国も亦英国と共に感ずる所なり。是《ここ》に於てか英米は、支那において、太平洋に於て、日本を共同の敵とせり。此時に当りてウイルソン Woodrow Wilson 大統領とロイド＝ジヨルジ氏 David Lloyd George (英首相) と肝胆《かんたん》相照すの機を得るあり。英米の提携が完全に成立して、日英同盟が殆ど有名無実の観を呈するに至りしは当然のみ」(『講和会議を目撃して』)。

極東モンロー主義

そして彼は日露戦争以来の歴史的因縁によって、日本は極東における「優秀権」を持つものであり、極東問題に関

するかぎり英米仏伊四大国の裁判に服従すべき理由はないとして、アメリカのモンロー＝ドクトリンにたいする「極東モンロー主義」を主張しなければならぬと説いた。

決然パリを辞す

しかし日本全権の腑甲斐《ふがい》なさに絶望した中野は、お腰元と料理屋の主人を伴い畳と味噌を携えて悠々閑々と出発した首席全権西園寺公望《きんもち》の到着も待たず、二月二十二日パリを去ってロンドンに向かった。その前夜、時事新報特派員の伊藤正徳をホテルに訪ねた中野は、大いに悲憤し、「早く帰国して全権たちの無能を公表し、使節の更迭《こうてつ》を説くのだ」と語り、伊藤がまだ早過ぎると止めたが、彼は一日も猶予できぬといい「決然としてパリを辞した」という（『五十人の新聞人』）。

中野がロンドンに来たとき、まだ留学中であった杉森は、中野は悲憤慷慨《ひふんこうがい》して狂せんばかりに見えた、と語っている。中野は大正二年以来の長い留学を終えた杉森とともに三月十三日横浜丸でロンドンを発ち、四月二十九日神戸に着いた。

独立万歳事件

途中シンガポールに寄り、日本内地の新聞で朝鮮の独立万歳事件の報に接したとき、民族自決の世界的思潮が鶏林《けいりん》八道（朝鮮全土のこと）に流れ入るのは決して怪しむに足りないと感じたといっている。

「講和会議の表裏」

「講和会議を目撃して」

帰朝早々の五月四日夜、『大毎』の主催により大阪市中央公会堂で講演。六日付の同紙には、長身痩軀《そうく》、精悍《せいかん》の気を眉宇《びう》にたたえた中野が、五千の聴衆の嵐のごとき拍手裡に登壇し、「わたしは国家の危急を国民に報ずべくパリより急遽《きゅうきょ》帰朝せるものである」と語り出し、聴衆は稀有《けう》の緊張をもって聴耳《ききみみ》を立て、喝采し、この若き熱烈なる論客のために敬意を表した、と報じている。この速記は「講和会議の表裏」と題して『大毎』に連載、また五月四日から六月十四日まで『大朝』に「講和会議を目撃して」を連載し、これは七月に東方時論社から出版して十数版を重ねる当時のベスト＝セラーとなった。こうして中野の名声が高まるにつれて、それまで二千部そこそこであった『東方時論』の発行部数は一躍七千部に達した。

講和会議の外史

中野は『講和会議を目撃して』の序文で、この書は「講和会議の外史」たるを期したもので、すべて正確な見聞にもとづいているから、「後世史家の参考に資すと雖も、毫《ごう》も憚かる所あるを知らざるなり」と自信のほどを示しているが、同時に、世界の五大国に列したというお祭り気分のなかで、自分の言論がほとんどなんの役にもたたなかったことを嘆いている。

松永安左衛門との一騎打ち

大正九年（一九二〇）五月十日の総選挙にふたたび立候補した中野は、松永安左衛

『講和会議を目撃して』

門と一騎打ちした。七年に九州電気協会会長に就任した松永は四十六歳の男盛り、中野は三十五歳。福岡市は九州一の激戦地といわれたが、中野二、五九六票、松永一、七一七票で、今度は中野が勝った。直接国税三円以上の納税者を選挙資格者とする制限選挙であった。

七　政界進出

総選挙後、七月に召集された第四十三特別議会で、フレッシュマンの中野は、「尼《に》港《こう》問題審査会設置決議案」の提出理由を説明した。議会における処女演説が尼港問題であったことは、中野として決して偶然ではない。

尼港事件

尼港事件――露領サガレン州の首府ニコライエフスクにおいて、大正九年（一九二〇）三月から五月にかけ、日本軍三百六名、在留邦人三百五十名がパルチザンのために惨殺されたこの事件は、シベリア出兵の生んだ悲劇である。

シベリア出兵

さきに寺内内閣はアメリカの提議に応じ、大正七年（一九一八）八月、シベリアに出兵して東部シベリア一帯を占領した。アメリカや日本の出兵目的の一つは、反過激派を援助してレーニン新政権を打倒することにあった。日米の援助で一時優勢であった反過激派軍は、やがて労農軍のために圧迫され、形勢は日に振わなかった。この情勢を見てアメリカは九年一月に撤兵してしまったが、寺内に代った原内閣は日本軍を撤退させないのみか、かえって増兵し、三月三十一日には、「帝国のシベリアにたいする地理的関係は、他の列国とおのずからその趣を異にし、とくに極東シベリアの政情はただちに鮮満地方に波及するのみならず、シベリア地方における多数の居留民はその生命・財産の安全を期するあたわざるの実情にあり、これ帝国がにわかに撤兵を決行するあたわざるゆえんにして……」という居《い》据《すわ》り声明を発した。尼港の悲劇はこのときすでに発生していたのである。

出兵反対の急先鋒

『東方時論』は終始シベリア出兵反対の急先鋒であった。中野は寺内内閣が対露出兵宣言を発する以前に、革命進行中のロシアにたいする干渉を非として、「外国に頼まれての出兵沙汰の如き、最も禁物なるを忘るべからず」といい（六年十月号）、また出兵直前には、「すべからく露国の現勢を支配するレイニン政府を承認すべし」

と主張し（七年七月号）、さらに出兵直後には、出兵の推進力たる「参謀肩章《けんしょう》の軍人才子」を痛罵して、邦家の計をあやまるものといっている（七年八月号）。

議会の処女演説

古島一雄を通じて国民党の賛成を得、また憲政会の諒解をも得た尼港問題審査会設置決議案は、これに名を借りて、かねてのシベリア出兵反対論を議会に展開したのだが、七月九日のこの処女演説について、翌日の『東朝』には岡本一平が漫画入りでつぎのように評している。「中野正剛君の処女演説、ふところをたぶたぶさせ、羽織のひもがだらしなく垂れている、辺幅《へんぷく》をつくろわぬ憂国の志士といった風なり、この人は平常ちっともじっとしていないで、人の顔を見るとイヒヒヒと鼻にシワを寄せて愛想笑いする癖があるからどうかと危《あやぶ》んでいたら、壇上では案外荘重に論歩を運んだ、悲憤慷慨の推進力で演説を進行させる。」

演説は晩学

この決議案に憲政会と国民党は賛成したが、絶対多数の与党政友会が反対して否決された。第四十三議会では、おなじくフレッシュマンの永井柳太郎が原首相の専制を非難して、「西には露国過激政府のニコライ＝レーニンあり、東にはわが原敬総理大臣あり」との有名な演説を行っており、やがて永井・中野と並称《へいしょう》される二人の雄弁家が轡《くつわ》をならべて登場したのである。ただし永井とちがって中野の方はまだ雄弁家ではなかった。中野は文章は早くからうまかったが、演説は彼みずからいうとおり「晩学」であった。修猷館《しゅうゆうかん》時代にも仲間同士で「シナをいかにすべき」などという演題で稽古したそうだが、絶句することが多く、後年あんな雄弁家になろうとは夢にも思わなかったと同級生は語っており、また早稲田時代も演説が嫌いで、弁舌で天下が取れると思うか、犬養を見よ尾崎を見よ、というのがつねだったと同級生の梅沢は語っている。だから演説を本当にやり出したのはパリ講和会議以後で、たしかに晩学であった。

「満鮮の鏡に映して」

中野は九年の十月下旬から五十日間にわたって朝鮮・満洲を視察し、その紀行は「満鮮の鏡に映《うつ》して」という題で『国民新聞』に連載ののち、十年三月東方時論社から出版した。当時朝鮮は総督斎藤実・政務総監水野錬太郎によって従来の武断主義に代る「文化主義」が標榜され、かつて中野が「総督政治論」で痛烈に批判した憲兵制度もすでに廃止されていた。中野はこれを「一進歩」として、新施政の精神に賛成するといい、この「文化主義」や、憲兵制度から警察制度への改正が朝鮮人の悪化――いわゆる不《ふ》逞《てい》化《か》を由来するという一部内地人の見方を反

自覚は不逞化ではない

駁し、一般民衆が個人の権威に目覚めたことは世界の大勢であり、朝鮮人にかぎったことではない。各人がみずから重んじて、ゆえなくして他におもねらぬことを自覚というが、「朝鮮人にかぎって、自覚することを、なぜ悪化といい、不逞化といわれるか」と朝鮮人のために弁じている。

同化政策論

しかし彼は朝鮮独立論にはあくまで反対で、日本と大陸とを通ずる橋ともいうべき朝鮮は誠意をもってつなぎとめなければならぬといい、そのためには憲法を朝鮮にも施行して内地との差別を撤廃し、「一視同仁の同化政策」を徹底せよと

主張する。

緒方の朝鮮独立論

「総督政治論」以来の彼の朝鮮論はここにその限界を示す。この限界あるいは矛盾については、『満鮮の鏡に映して』をロンドン留学の帰途、インド洋上で読んだという緒方が、『東方時論』十一年九月号で指摘している。すなわち同化政策なるものは結局国民的個性の滅却を意味する。しかるに今日の民族主義は国民的個性の発揮を目的とするのであり、同化政策そのものがすでに今日の大勢に逆行するとして、「僕はこの意味において朝鮮独立論者である」と緒方はいうのである。緒方の独立論が中野の同化政策論に比して、はるかに徹底していることは論議の余地がない。

中野は朝鮮から張作霖の支配下にある満洲に入り、シベリア出兵の策源地であるハルピンその他を視察し「満鮮という『鏡』に映る日本人の姿は、はなはだしくやつれている。日本人は満鮮の鏡を前にしてまずおのが姿を正さねばならぬ」

対露不干渉決議案

時代錯誤の剣付鉄砲

とその紀行をむすんだ。

満州・朝鮮旅行から帰国してまもなく、第四十四議会が召集され、彼は再びシベリア出兵について、現地で直接見聞した資料にもとづく演説を行った。大正十年二月六日の本会議における「衆議院は政府の対露不干渉の趣旨明白を欠き、通商共益の基礎を確立するあたわざるものと認む」という決議案の提出理由説明である。ややこしい決議案だが、要するに対露不干渉――シベリア撤兵決議案である。

彼はシベリア出兵を害ありて益なきものと断じ、対露不干渉はまず撤兵を前提とするとして原内閣の対露政策の失敗を責め、とくに尼港事件の責任を取らぬ田中陸相（義一）を、もっとも責任を重んずべきサーベルの手前も憚らざるものと弾劾《だんがい》、さらに三月三十一日のシベリア居据《いすわ》り声明を「時代錯誤の剣付鉄砲」を国際政策上に振り回すものだと非難し、ハルピンでの所見に触れてつぎのようにいった。

過激思想は外より来るでない。ハルピン街頭に行つて御覧なさい。一流の料理屋において、夜の二時までも三時までも自動車が横づけになつている。誰の自動車か、これを調べてみれば、陸軍に属する自動車である。陸軍の特務機関とか、特派武官とか、司令部に属する人々とか、閣下とかなんとかいう連中が、毎晩ほとんど泥酔して料理屋に入り浸《びた》つている。彼らのいる室内はペーチカの気にむされて、歓楽の声湧くがごとくでありますが、その外を見よ。自動車のショツフアー（運転手）はみなわが忠良なる臣民である。このわが忠良なる臣民が、自動車のショツフアーとして、零下三十度の寒を耐えて、閣下らの遊興しているのを見張りをして、門前に不動の姿勢を取るにいたつては、実に悲惨事であると私は思ふ（拍手）。過激思想はロシアより来るにあらず、矛盾せるわがシベリア出兵の政策が、わが国民思想の根本を襲うているものであると思う。この醜態《しゆうたい》を政府当局者はなんと見られるか。過激思想の侵入を恐れると称して他国に出兵し、わが忠良なる軍人の心中にまで、過激思想を自発せしめんとする、このあやまちを覚らざるかと一言したいのであります（拍手）。

大声俚耳に入らず

この演説を速記録で読むといかにも整然たる論旨で、さぞや傾聴させたことだろうと思われるが、事実は「大臣席には一人の大臣なく、議席またようやく惰気《だき》を催して私語する者多し」と新聞が報じたとおりで、大臣が席にいないものだから、答弁に当ったのは政府委員の林毅陸《きろく》（外務勅任参事官）ただ一人。憲政会・国民党、それから中野の属する無所属倶楽部の賛成も空しくこの決議案は政友会のために否決された。大声俚耳《りじ》に入らずというべきか。

取れるなら取ろうの出兵心理

きわめて不人気なシベリア出兵をあえて強行する陸軍の意図について、中野は「取れるなら取ろう」というつもりなのだと見る。すなわちロシアはひどく困っている、英米の評判もはなはだ悪い、困っている憎まれ者の頭ならなぐったところであとの祟《たた》りはあるまいから、都合よく取れるならオムスク以東を取ってやろうというのが出兵心理だとする(『東方時論』十一年八月号)。これを強行する参謀本部は、総長上原勇作が元老山県とむすび、帷幄《いあく》上奏の特権をたのんで宛然《えんぜん》独立国を形成していた。そのため原内閣を世論との板挾みの状態においたことは、戦後公表された『原敬日記』に、従来参謀本部がつねに軍国主義を固持して陸軍大臣に抗争し、閣議にも影響せしめ、田中らがつねに板挾みとなりしこと云々《うんぬん》とあるのを見てもわかる(九年七月二日)。そして原自身、参謀本部の改革を決意していたことも日記に明らかである。

参謀本部廃止論

一方中野は十一年十一月号の『東方時論』で、「参謀本部を廃して陸軍大臣の管轄下に作戦専門の一課局となすべし」と論じたが、これはひとり中野だけでなく当時の識者のひとしく主張したところで、シベリア出兵反対の世論を背景に、原の政治力をもってすれば、元老山県の勢威ようやく振わないおりから、参謀本部改革も決して不可能事ではなかったと見られるが、着手にいたらなかったのは恨事《こんじ》であった。

不人気をきわめたシベリア出兵は、加藤友三郎内閣にいたってようやく終止符を打ち、大正十一年（一九二二）十月撤兵を完了した。

革新倶楽部

中野は代議士に当選以来無所属であったが、十年一月に無所属組で無所属倶楽部をつくり、十一年には国民党および憲政会の脱党組とともに革新倶楽部を組織した。解党した国民党は、明治四十二年三月以来の十二年の歴史を閉じたのであり、結党時九十名の議員は漸減《ぜんげん》して二十八名になっていた。党首犬養の酒屋の黒犬性によるのであろう。四十五名の所属議員を持つ新党は、「自由なる政治倶楽部」という建前から党首は決めていないが、犬養が事実上の党首であったことはいうまでもない。十一月八日に発表した創立宣言は、主として中野の筆に成ったもので、政党の宣言としてはじめて口語文を用い、注目された。

ロシア政府承認演説

革新倶楽部は第四十六議会の会期末にちかい大正十二年（一九二三）三月二十日、

尼港事件の責任は陸軍にあり

「政府は速かにロシア政府を承認し、対露国策の根本方針を確立遂行すべし」との決議案を提出、中野がその説明に当った。彼はロシア政府承認を思想的に反対する論議については「現実のロシアを政治的に経済的に取り扱わずして、空虚な思想論でもってこれを拒むなどというようなことは実に愚かな話である」と一蹴《いっしゅう》し、また尼港事件への報復意識よりする反対にたいしては、「ニコライエフスクの惨劇は、日本の陸軍の命令が出兵中に朝令暮改せしより起りましたところの、わが警備区域内のできごとであります。その責任はむろんわが陸軍当局にある。当時、わが国軍閥の頭目は安価なる宣伝家に入れ知恵してこの尼港事件の怨みを晴らすために、ロシア人の肉を啖《くら》わざるべからずと公言した。しかしわれわれはこれについて、ロシア人の肉ではなく、責任者たる軍事当局の肉を啖わなければならぬ」といい、このさいロシア政府を承認し、過去の問題を一切棒引きした上で、おたがいに有利な条件を協定しなければならぬと主張した。

この決議案もまた否決されたが、しかし大正六年以来、シベリア出兵反対・レーニン政権承認を筆に口に倦《う》むことなく主張しつづけた中野が、すでに撤兵が完了して主張の半ばを実現し、さらに加藤（友三郎）内閣により対露通商再開の機運にあるとき、議会の第三党たる革新倶楽部を代表してこの決議案の説明に当ったことは、彼として無量の感慨があっただろう。風邪を押して登壇したこの日の彼を翌日の『東朝』は漫画入りで「風邪引きのためかつねより一層顔色蒼白」と報じている。

家庭

大正七年に次男雄志、九年に三男達彦、十一年に四男泰雄が生れ、中野は四人の子の父となった。彼は夫人のお産のたびに「女はいらぬ」といったそうだが、彼の希望どおり子供は全部男である。

猶興居事始

彼ははじめて代議士になった翌年、渋谷区原宿の家の廊下つづきに二階建をつくり、これを「猶興居《ゆうこうきょ》」と名づけて五名の学生をおいた。猶興居とは「豪傑の士は文王なしといえどもなお興る」との『孟子』の一句から取ったもので、平たくいえば先生は馬鹿でも青年はひとりでエラクなってくれという意味だ、と中野は説明した。この猶興居はいつも数名の学生を収容し、中野は学資等一切を負担して社会に送り出したのである。

大世帯

猶興居開塾当時の中野の家は、両親・夫妻・子供・学生・車夫・女中合わせて十六人の大世帯で、代議士一年生にしては豪勢のようだが、内実は素寒貧《すかんぴん》であった。家だけは大きかったが、これは高木陸郎の持家で、毎月の火災保険料十二円五十銭だけを納めて家賃なしで借りていた。猶興居の会計係が、月末夫人のところに金の相談に行っていい出し切れずにもどり、「先生も貧乏しとるゾ」ということがよくあった。そのころ中野が学生の一人に、卒業したらなんになるか、と聞いたところ、「わたしは毎朝生タマゴを一つ食べ、オジヤを食べないようになりたい」と答えたので、中野は大いに笑ったあと、「それはやさしいことだ」といったそうだが、当時は生タマゴはおろか、オジヤばかりがつづいたのであろう。中野は講演の謝礼を全部猶興居の費用に当てていた。こうして五十名にちかい青年が猶興居に集《つど》い、そして巣立って行ったのである。

ピューリタン的生活

『人間中野正剛』は、中野は酒は飲まず、煙草も吸わず、もちろん声色《せいしょく》はこれを遠ざけ、道楽としてはただ馬を愛し馬に乗ることのみ、その書生本位の家庭の健全なことと、そのピューリタン（清教徒）的生活とにおいて、いまの政治家中彼と伍し得る者はあまり多くないはずである、といっているが、その書生本位の家庭は代議士一年生のときからはじめられたのである。

『我観』を創刊

中野は六年以来、『東方時論』の執筆と経営に努力して来たが、十二年九月一日の関東大震災で、神田区美土代《みとしろ》町の社屋を焼失したのを機会に、同誌と関係を絶ち、岳父雪嶺と共同で『我観《がかん》』を創刊した。

八　陸軍機密費の摘発

憲政会に入る

犬養への手紙

政友会に勝る万々也

大正十三年（一九二四）五月十日の総選挙にふたたび当選した中野は、その直後、革新俱楽部を脱党して憲政会に入った。犬養に宛てた五月二十七日付の手紙は、「小生の先生に傾倒すること既に十数年、最初筆を執りて天下に現はれし時、小生の筆は単に先生を讃美せんが為に用ひられたるの観あり、爾来《じらい》今日にいたるまで往時を追懐すれば真に感慨の深きに勝《た》へず候」と書き出して、日本の政界は自由・改進両党の流れがたがいに消長しながら進むほかに第三党の存在の余地はなく、またすでに「焦燥《しょうそう》なる」小生は先生左右の人々と相容れなくなっているので、このさい「実際政治」を行うため憲政会に入りたい、憲政会はもとより理想的ではないが「小生の目よりすれば政友会に勝る万々也」、かつ学窓時代からの友人もたくさんいるので「どうやら力の入れ甲斐あるべく存候」と述べている。

憲政会入りの心境はこの手紙に尽きているが、かねて既成政党の打破を叫び、また、憲政会に不治の難病あり、加藤総裁（高明）の「わが英国主義」これなりと揶揄《やゆ》した彼が（『東方時論』八年八月号）、加藤の驥尾《きび》に付することはなんとしても矛盾《むじゅん》をまぬかれないけれども、少数党ではどうにもならぬという焦燥が彼を踏み切らせたのであろう。

「わが英国氏」と「小才子軍人」

一方革新倶楽部も一年後の十四年五月、政友会に併合された。高橋是清に代った政友会の新総裁は、中野が「小才子軍人」と罵《ののし》り、その存在は国家の不祥事だと極言した（『東方時論』九年一月号）陸軍大将田中義一であるから、まだしも「わが英国」氏のひきいる憲政会の方が「政友会に勝る万々也」であるかもしれぬ。こうして中野の手紙にあるとおり第三党は消え去り、憲政・政友二大政党が交互に政権を担当する、いわゆる憲政の常道に時代は進むのである。

先輩凌轢

今日の犬養サン

中野は犬養と袂を分かったが、これと関連して指摘されるのが、ともすれば先輩を凌轢《りようれき》する中野の性癖である。大正十四年一月号の『我観』に中野は「二十六峰外史」の名で、「孫文氏の去来と亜細亜《アジア》運動」の一文を寄せ、かつて宮崎滔天《とうてん》が四百余州に革命の同志をもとめたときは、日本の浪人にもルソー仕込みの田舎民権論をアジア民族の上に行わんとする理想があった、幼稚ながら燃ゆるがごとき理想があった、これを助けた犬養も多少の熱を胸中に有していた、しかるに、「今日の犬養サン」は別物である、シベリア出兵にも同意し、過激思想の侵入をも恐れ、都合によっては軍閥の寵児田中義一を推し立てて超然内閣でもつくって見ようとする先生である、といった。

緒方はこれについて、犬養と中野の従来の関係を知る者をして顔をそむけしめずにはおかないといい、このややもすれば先輩を凌轢しようとする癖は彼の忘恩的態度として批判されたと書いている（『人間中野正剛』）。これはひとり犬養だけでなく、

号堂はオッポチュニスト

『七擒《きん》八縦《しょう》』（七度捕え八度放つの意）において犬養とともに最大級の頌詞《しょうし》を捧げられた尾崎なども、正月来れば門松をひさぎ、盆来れば提灯《ちょうちん》を売る「極端なるオッポチュニスト」であるとやられ（『東方時論』八年九月号）、また公私ともに恩顧のある三浦梧楼は「一個の骨《こっ》董《とう》的老人」に過ぎぬとやられている（同十一年二月号）。

直情径行

中野と諸先輩

中野はその儒教的教養にもかかわらず、喜怒哀楽の情を隠すことなく、直情径《けい》行《こう》であったから、先輩との私的関係など多く考慮しないで発言するので、こういう非難を招くのだが、『人間中野正剛』には、彼と先輩の関係についてつぎのように書いている。「彼は生れながら勝れた才気を有し、豊かな天分に恵まれていた。したがっていたるところかならず頭角を露《あら》わし、いわく犬養毅、いわく三浦梧楼、いわく池辺吉太郎（三山）、いわく頭山満、いわく金子雪斎、いわく三宅雪嶺、いわく徳富蘇峰等々新聞界・政治界いたるところの先輩に珍重がられ愛せられ、彼もまたこれら先輩に一時非常に傾倒した。しかし彼のこれら先輩にたいする熱情・傾倒は多くは久しからずして冷め、わたしの知るかぎりにおいて、彼が死にいたるまで推服して変らなかったのは、大連振東学社の金子雪斎一人のようであった。」

分離派

同時に中野は、彼に傾倒する同志や後輩を長く自分の翼下に留め得ない人でもあった。彼は自分を分離派《セパレーショニスト》と呼んだことがあるが、たしかに彼には、つねに分離し孤立しなければならぬなにかがあったのだ。

シベリア旅行

加藤憲政会総裁を首班とする護憲三派（憲政会・政友会・革新倶楽部）内閣は、大正十四年（一九二五）一月、日ソ基本条約に調印して国交を回復したが、中野はこの年の八月から十一月にかけてシベリア・満洲方面に旅行、まず敦賀からウラジオに渡り、ハバロフスクまで各地を視察した。国交回復後最初に入国した日本の政治家であり、またシベリア出兵反対・レーニン政府承認論者として、かねてソ連

偉大なリベラリスト

の新聞・雑誌から「偉大なリベラリスト」と呼ばれていた中野だけに、いたると

ころで大歓迎された。留守宅への九月二日付の通信には、「露国官憲より非常の歓待を受く、革命後始めての現象也と言ふ、社会施設など見せて貰ふ、一般民の生活は困つて居ると言ふが、日本のやうに衣食に困つて居ないと思ふ」と書いている。また同行した早大生の進藤一馬（のち秘書、現自民党代議士）の母栄子に宛てた絵葉書には、

旅中の一興

「一馬君頗る元気、先日避暑地にて一露人と相撲す、対手の身長六尺五―六寸、腕の太さ小生の腿《もも》の如し、併も四戦して四勝す、環視の日本人快と称し露人驚く、又旅中の一興也」とある。

馮玉祥と激論

一度ウラジオにもどってから満洲に入り、ハルピンの居留民会堂で「極東の黎明」と題して講演。さらに北京に行き、いまは憲法起草委員長たる旧友林長民《りんちょうみん》らの主催により十月十七日憲法起草委員倶楽部で開かれた歓迎会で講演。北京から蒙古の包頭鎮《パオトウテン》まで出かけて「赤いクリスチャン＝ゼネラル」と呼ばれた馮玉祥《ひょうぎょくしょう》と会見。日本に侮辱的な言辞を弄した馮を馬鹿呼ばわりする大激論を展開したが、

通訳の中野観

このときの通訳はのちの冀東《きとう》防共自治政府長官で早大出身の殷汝耕《いんじょこう》であった。

この旅行でまだ露領にいるうち、金子雪斎の訃音《ふいん》に接した中野は、帰途大連の振東社に立ち寄って帰国した。シベリア旅行中、終始中野の通訳をした東方通信ウラジオ特派員の広岡光治は、戦後、中野について、「眼中、国利民福のほかなにものもなかった高潔な政治家だった」と思い出を語っているが（『ソ連研究』昭和二十九年六月号）、しかし中野はこの旅行中に日本赤化資金十万円をソ連から受け取った「露探《ろたん》」として糾弾《きゅうだん》されることになるのである。

護憲三派の蜜月ははかなくおわって、加藤内閣は十四年七月末総辞職したが、大命はふたたび加藤に降下し憲政会単独の第二次加藤内閣が生れた。しかし加藤は第五十一議会が再開されてまもない十五年（一九二六）一月二十八日急逝し、内相若槻《わかつき》礼次郎が総裁となり後継首相となった。この第五十一議会で中野が摘発し、大問題となったのが、野党政友会総裁田中義一にからむ陸軍機密費事件である。

疑惑の機密費

大正七年から十一年にかけてのシベリア出兵において、陸軍は二千四百万円の機密費を使った。この機密費がいかに厖大な出費であるかは、日清戦争の陸軍機密費三十六万九千円、日露戦争の三百二十万円と比較すれば明らかである。この機密費のうち、寺内内閣時代に使ったのは三百四十万円、あとの二千余万円はほとんど原内閣のときに使われた。そして原内閣の陸相は田中義一、次官は田中の腹心山梨半造(のち田中に代って陸相)であったから、この二人に機密費にからむ疑惑がかかったのは当然であろう。

中野摘発す

中野は三月四日、衆議院でこの問題を摘発した。すなわち政友会の小川平吉・小泉策太郎・秋田清・鳩山一郎の四人を査問委員会に付すべしという動議の説明として行ったのである。これは、「今日政界において、もっとも大なる疑問の雲に蔽われている政友会総裁田中義一君」を直接査問したいのだが、田中は貴族院議員であるから衆議院の査問に付すことはできないので、田中の政友会総裁擁立にさいし、その機微に参画した右の四人を査問すべしというのである。

天下をして陸軍の神聖を疑わしむ

中野は田中・山梨の二人を背任横領で告発した元陸軍省大臣官房付陸軍二等主計三瓶《さんぺい》俊治や、元第一師団長中将石光真臣の手記を読み上げ、田中・山梨らが機密費を湯水のごとく乱費して淫蕩《いんとう》・遊蕩いたらざるなく、天下をして陸軍の神聖を疑わしめたといい、かくのごとき醜《みにく》い疑惑に包まれている田中を、その金目当てに総裁に擁立したのが政友会の領袖《りょうしゅう》であるとして、つぎのように論じた。「田中総裁が政友会に現われて以後、政界の動揺にはつねに金銭がある、金銭とともに壮士がある、金を使い壮士を使い、虚偽の宣伝をたくましくして、政界を糜爛《びらん》せんとするは、今日政友会の態度である。」

大センセーション

この摘発は一大センセーションを巻き起した。翌五日の『東朝』は「田中大将在職中の怪聞、突如衆議院で発《あば》かれた長州軍閥の醜状《しゅうじょう》真相」という大見出しで、議場はもちろん政界に一大投石をなしたるの観がある。しかしてことここにいたれるいきさつは決して一朝《ちょう》一夕《せき》でなく、この裏面には軍閥の争闘、政党・官憲・官僚の陰謀・策謀が交錯し合って動いて来たものが、ついに時の勢いに激発せられて表面に現われ来ったものと見られるといい、第二面全部をこの報道で埋めた。

雨か風か今日の衆議院

政友会の激昂《げっこう》は当然で、各新聞の見出しに、「政友報復の意気物凄く、雨か風か今日の衆議院、田中事件を議題に殺気満堂を圧す、武勇議員をそろえて武装させ血の雨降らさんず雲行き」「中野正剛氏の身辺危うし、政友会院外団の猛者《もさ》連つけ狙う」とあるのを見てもその殺気立った雰囲気がわかる。

激怒した宇垣陸相

激昂したのは政友会だけでなく陸軍もまたそうである。陸相宇垣一成《うがきかずしげ》は五日の予算総会で機密費横領云々《うんぬん》は「荒唐無稽《こうとうむけい》」であると答えたが、彼がいかに憤慨したかは戦後公刊された『宇垣日記』に、本能寺の敵（政友会）にたいして陸軍を巻き添えにせんとする行動は卑劣であるといい（四日）、さらに五日にはつぎのように書いているのを見ても明らかである。「今朝速記録を見ればべつに陸軍攻撃では

若槻の陳謝

宇垣一成

ない。けれども論述の途中、陸軍の面目・威信に関する点も存したから、登院早々若槻その他の憲政閣僚列席の前において……憲政会全体として陸軍にたいする考え態度をとくとこのさい承知しておきたい、余は数十万軍人の先頭に立ちおる者である、会の態度いかんによりてはさらに考慮せねばならぬむねを言明した。彼らは恐縮・陳謝の態度を示し……若槻は党の総務・院内総務を招致して実況を聴取し、さらに余にたいして会内の不統一の結果この始末を来したるを告白して陳謝し、かつ将来にたいして幹部以下を厳戒したるむねを述べたるにより、余は将来のことを戒告して追及を打ち切りたり。中野正剛よりは田中武雄を介して陳謝、町田経にあやまられて失態を来したりとの申しわけを伝え来る。」

宇垣の憤慨と弱腰の若槻の恐縮振りが目に見えるようだが、ただし中野が人を介して陳謝したとあるのはあやまりである。これはおそらく党と宇垣の仲を心配した誰かが、中野も詫びているから云々《うんぬん》といって宇垣をなだめたのであろう。その証拠に、議会閉会直後の四月はじめ、我観社が出版した『中野正剛対露支論策集』は、付録として「機密費事件の顚末」を収め、中野の演説速記ほか関係文書を発表し、激烈な軍部弾劾《だんがい》を行っている。

『中野正剛対露支論策集』

「軍政を以て文政を圧す、これ国政紊乱《ぶんらん》の基なり」と冒頭して、軍閥の陰謀の策源地は参謀本部と陸軍省で、豊富な機密費と軍機の機密により奇々怪々な一伏魔殿を形成しており、とくにシベリア出兵の機密費事件は驚くべき聖代の奇怪事であるとしてつぎのように述べている。

参謀本部・陸軍省は伏魔殿

今日迄暴露せられた彼等軍閥の罪悪なるものは、彼等が今日迄犯したる所のものの何分の一にも当らないのである。……将に天下を驚倒《きょうとう》するに足るべき奇怪事が、未だ無数に隠されて居るのである。是《ここ》に於て吾人は、我が陸軍の神聖を保持するがために、且つ軍閥政治を打破し、真の民衆政治を確立せんがため、断々乎《だんだんこ》として彼等軍閥の罪悪を糾弾し、彼等をして陸軍部内よりは勿論、一切の政治的圏外に放逐せんがために、飽迄《あくまで》闘はんとするものである。之れ吾人が今回の田中義一大将以下に関する機密費横領事件の真相を明らかにし、敢て天下に問はんとする所以《ゆえん》である。

陸軍への挑戦状

この一文は宛《えん》として日本陸軍にたいする挑戦状である。ここでは本能寺は反対党の政友会ではなくして陸軍なのだ。

しかし議会では、折角機密費の問題を取り上げながら、自党内閣の陸相は荒唐《こうとう》無稽《むけい》として否定し、総理大臣もまた、党議によらない党員各自の発言には責任を負わないと言明したものだから妙なことになってしまった。だが三月六日付『東朝』の社説「陸軍軍閥の秘密」はこの問題に正しい批判を下している。同社説は、シベリア出兵当時、金銭上のいまわしいうわさが軍閥の周辺につきまとったことは、いまなるほどと思い合わされる気がするといい、陸軍当局は軍機の秘密という城壁内に立てこもらず、このさい進んで一切を公表せよと要求し、つぎのように主張した。「議会はむしろ別個の委員会を設けて徹底的にこの問題を調査すべきである。吾人は陸軍軍閥の城郭を打破すべき絶好の機会として、シベリア出兵臨時軍事費の一端が世に暴露し来れることを、国家のために心から慶賀するものである。」

『東朝』の社説

老咢堂起つ

議会では三月二十四日、尾崎咢堂《がくどう》が中野の演説を補足し徹底させる質問を行った。ときに咢堂は六十八歳、新聞は彼の登壇を「老咢堂起つ」と報じたが、これは機密費問題の本質を衝《つ》いた五十一議会掉尾《とうび》の名演説であった。

咢堂は、元来機密費なるものは議員買収費か宴会費に使われるのが大部分であり、これなしに仕事ができぬというのは無能力者かスパイ政治をやる下等な政治家であるといい、とくに陸軍の機密費にいたっては、今日において疑いの雲を晴らしておかぬと、将来、「政党対陸軍」の問題がかならず起ると予言し、首相や陸相はただ知らぬ存ぜぬと弁解ばかりしないで、たといおのれの体、おのれの内閣が傷ついても国家の将来を危うくせぬため、機密費にまつわる疑いを晴らすことが帝国議会の役目であり、首相・陸相の任務であると説いた。

号堂警世《けいせい》の言も空しく、この機密費問題は闇から闇へ葬られてしまった。中野が政友会総裁たる田中大将にからむ疑惑を摘発したのは、そこに「政争」の臭味のあることを否定し得ないとしても、「泥試合」の一言では片づけられない政治の根本的な問題であった。これはのちの東条内閣時代、首相東条が陸相と内相を兼ねたとき、陸軍の機密費百万円を土産として内務省に持参したこと、また昭和十七年の総選挙にさいし推薦候補者に臨時軍事費から選挙資金をあたえたこと等を見てもわかるであろう。参謀本部改革論や陸軍機密費摘発は、よく時弊の核心を衝きながら、惜しいかな長鞭《ちょうべん》馬腹に及ばず、禍根を蔵しつつ昭和の暗黒時代に入るのである。

日本赤化資金十万円

一方政友会は三月十一日、中野にたいする報復として、「議員中野正剛氏は、神聖なる議場において荒唐無稽なる言辞を弄して国民の疑惑をかもし、軍隊の規律を紊乱し、士気を廃頽せしめ、露国共産主義者のひそみに倣《なら》いて国民と軍隊との離間を企てたる非行にたいし、すべからく反省処決すべし」という決議案を提出。この説明に当った牧野良三は、「男女同棲してすでに日あり、しかしてすでに子女を儲《もう》けたとき、隣人これを呼んで夫婦ということは怪しむに足らぬのである。中野が赤露と交わることここに日あり、しかしてついに陸下の軍隊にたいして疑惑の雲を投じた」という論法で、中野がさきのシベリア旅行中、日本赤化資金として十万円を受け取ったと書いている書物（久保田米吉著『赤露二年の獄中生活』）と関連させて、巧

「露探」

みに中野が「露探《ろたん》」であると思わせる演説を行った。

中野査問委員会

これにたいし憲政会は牧野を懲罰に付そうとして議場は大混乱におちいった。そこで中野はみずから査問委員会に付されることを希望し、十二日から委員会が開かれた。政友会は「秘蔵の証拠文書」として、「今回中野氏の極東露領を旅行せるに当りて、ハバロフスクにおいてアントーノフ氏 Antonov（前モスクワ政府駐日代表）より金十万円を受け取りし事実を余（記者）は極東ハバロフスク某大官より聞知した。……この十万円なるものは、その裏面において、中野氏は日本において露国の現思想を輸入かつ宣伝するの意を述べていることは明らかである」との記事を掲載しているウラジオの新聞『クラスノイズナミヤ』（十四年七月二十九日付）を提出した。

一場の喜劇

ところが委員会に提出されたのは同紙の写しだったので、憲政会側委員が原本の提出をもとめると、牧野は暴漢のために強奪されたと答えた。そこでウラジオ駐在渡辺総領事に調査を依頼したところ、同日付はもちろんその前後においてもそんな記事はない、と返電して来た。こうして「秘蔵の証拠文書」もまったくのデッチ上げと判明。委員会は二十六日、「議員中野正剛君は露国より金銭を収受して赤化宣伝をなしたりとの査問事項はこれを認定すべき証拠なし」と結論した。機密費の摘発から派生した中野査問は一場の喜劇として幕を閉じたのである。

左足の整形手術

この年の六月下旬、中野は日本橋人形町の中原徳太郎博士（当時憲政会幹事長）の病院に入り、九大病院整形外科部長住田博士の執刀で左足の整形手術を受けた。中野の左足は少年時代カリエスを病んで目立たぬ跛脚になった。不自由な足ではあるが、二十四歳で初段のとき、「天下無敵」を謳《うた》われた徳三宝《とくさんぽう》三段と試合して見事にこれを屠《ほふ》った強靱《きょうじん》な足であった。もっともこの日の徳三宝は、試合に備えて英気を養おうと、生タマゴを二十いくつか呑んだため、下痢を起してフラフラしていたとのことだが。

しかし潔癖な中野は、自分の不恰好《ぶかっこう》な足や不自由さが気になってならない。たまたま議会後に帰省したさい、住田博士から、それくらいのことなら簡単に治る、ちかく上京したさい手術してあげましょうといわれて、矢も楯《たて》もたまらなくなった。

家族も周囲の者も手術にはみな反対した。しかし、いい出したらきかぬ中野は反対を押し切って手術を受けた。大腿骨の一部分をうすい三角形に切り取り、彎《わん》曲《きょく》を引き伸ばし、石膏繃帯で巻き固めた。こうして彼みずからいうとおり、「自分はこれが為め、馬にも乗り柔道をも試み相撲をも取り得た強健な脚を、一朝にして喪失するの運命に陥つた」のである（『沈滞日本の更生』）。

手術のさい血管の処置をあやまったため、左足は爪先から枯死しはじめ、ミイラのようになった。何日も何日も石臼《いしうす》に入れて搗《つ》かれるような激痛にさいなまれて、まるで干からびた狼みたいな相貌《そうぼう》に変った。ついに慶応病院に再入院し、前田友助博士の執刀で大腿下部から切断、辛うじて命を取り留めた。壊疽《えそ》であった。はじめ三週間ですむ予定が半歳に及ぶ大患となったが、ちょうど男の前厄といわれる四十一歳のときであった。

政治と性格

切断して快方に向かったころ、彼は従来の独善・性急を悔いるかのように、おれも今度は方針を変える、これまでは謙信流で先陣をうけたまわって来たが、これからは武田信玄で行く、としみじみ語ったとのことだ。こうして彼は竹のステッキに身を託す隻脚《せっきゃく》の政治家となった。それにしても、ほんの少しばかり曲って目立たぬ不自由な足を苦にし、周囲の反対を押し切り手術した結果、非常な苦痛ののち、かえって片足を失ってしまったこの隻脚の由来は、政党政治の無能と腐敗に我慢がならず、全体主義による革新を志して、日本的ファシズムの孵化《ふか》に一役を演じ、ついには国をも身をも亡ぼすにいたるこれからの彼の政治的経路を連想させるものがある。所詮《しょせん》、政治は性格なのであろうか。

九　満洲某重大事件を追究

大蔵参与官

昭和金融恐慌

大正から昭和と改元されてまもない二年（一九二七）二月四日、第五十二議会の開会中に、中野は三木武吉の後任として大蔵参与官になった。大臣は片岡直温だが、この片岡の議会における「失言」から表面化した昭和金融恐慌のため、若槻内閣は四月十七日に総辞職したので、中野の大蔵参与官在任は二ヵ月半に満たない。

枢密院の倒閣陰謀

若槻内閣は二億円を限度に政府が損失補償する台湾銀行救済策を緊急勅令案として枢密院に諮詢《しじゅん》し、これを否決されたため総辞職したのだが、枢密院の本当の狙いは、若槻内閣を倒して外相幣原《しではら》喜重郎の中国政策を転換することにあった。政友会にあって枢密院と策動した森恪の伝記（山浦貫一著『森恪』）に、枢密院があえて恐慌の危険を無視して若槻内閣の緊急勅令案を否決したということは、国内におけるかくのごとき恐慌を犠牲にしても、中国政策の更新を必要とみとめたからである、とあるとおりだ。だから枢密院会議でも顧問官伊東巳代治《みよじ》は、諮詢事項たる台銀救済策から逸脱して、もっぱら若槻・幣原の対支政策を難詰《なんきつ》したのである。伊東の意図は、第三インターナショナルを背後勢力とする蔣介石の北伐軍は、満蒙ならびに朝鮮に赤化の脅威をもたらすから、北伐を阻止する武力干渉の必要があり、そのため協調的な幣原を辞《や》めさせ、満蒙積極政策を唱える田中にやらせなければならぬというのである。

枢密院弾劾演説

倒閣の陰謀が成功して田中政友会内閣が成立した直後の第五十三臨時議会に「枢密院の奉答に関する決議案」が提出され、五月七日、中野がその説明に当った。中野が、国民の代表たる衆議院の院議をもって、枢密院の越権専断を不当なりとみとめ、枢密顧問官の反省自決を促さんとする、わが帝国議会において前例なき枢密院弾劾の決議案であります、と冒頭したとおり、これは議会史上空前の枢密院弾劾演説であった。

　彼は、国民にたいし責任を負わない枢密院が責任ある内閣に向かって事実の認定を争い、政治に干与するのは立憲政治の破壊であるといい、枢密院と政友会との陰謀を衝《つ》き、枢密院制度の弊害を論じたが、とくに元兇《げんきょう》伊東巳代治にたいする論難は痛烈をきわめた。

ゆるすべからざる伊東巳代治

　ことにゆるすべからざるは枢密顧問の一人たるかれ伊東巳代治の言動であります。彼は陛下の御諮詢《ごしじゅん》を待ちてはじめて奉答すべき権限を越えて、いまだ諮詢を受けざるところの政治上の論議を枢密院において試みております。彼は対支外交を論じた、杜撰《ずさん》なる基礎によりて対支外交を難詰した。さらに彼は総理大臣に向かつて越権にも、陛下の御前において、その罪を責めてその辞任を迫つた。……さらに彼の暴言にいたりましては、市井《しせい》の無頼もなお恥じるものであります。われわれは年少のときに漢学の塾におきまして書物を

市井の無頼

秦檜斬るべし

読みました。「王倫《おうりん》は一狎邪《こうじゃ》の小人にして市井の無頼なり」という文字を非常におもしろく読んだ。まことに一狎邪の小人にして市井の無頼、秦檜《しんかい》・王倫の徒はこの伊東であります。かくのごとき奸臣《かんしん》のなすところは、すなわちつねに高き地位におり、民衆の前に現われざる裏面において策動し、国家に禍をすることであります。国民の面前に現われたるものは国民の輿論《よろん》をもって葬ることができる。禁闕《きんけつ》の側に隠れ、袞龍《こんりゅう》の袖に隠れ、輿論の幕を透《とお》さざるところに隠れて、国家の大患をかもす者、これすなわち王倫・秦檜の徒である。秦檜《しんかい》斬るべし、王倫斬るべしというは当時の慷慨《こうがいか》家の言でありましたが、われわれは輿論の名刀を提《ひっさ》げてかれ伊東の頭《こうべ》を斬ることが、今日の国民の避くべからざる覚悟であると信ずるのであります。

この枢密院弾劾決議案は二百十票対百九十四票で可決され、新聞はこれを「田中内閣初土俵の初黒星」と評した。枢密院としては決議案が可決されたとて表面

復仇の念に燃えた枢密院

どうということはないが、しかし伊東巳代治のごとき、『文章軌範』に収められている胡《こ》澹菴《たんあん》「高宗に上《たてまつ》る封事《ほうじ》」の一節を引いて、一狎邪の小人にして市井の無頼と罵られ、かかる奸臣の頭は「輿論の名刀」をもって斬らねばならぬとまでやられたのだから、心中おだやかでなかったことは察するに難くない。このため枢密院と憲政会（民政党）は相反目し、「復仇の念に燃えた」枢密院は、「機会だにあらば民政党に一泡吹かせんとする魂胆」を抱き（朝日新聞社編『明治大正史・政治篇』）、やがてロンドン条約の諮詢をめぐって浜口民政党内閣と対決することになる。

民政党

議会中心政治

臨時議会後の六月一日、憲政会と床次《とこなみ》竹二郎の政友本党が合同して立憲民政党が生まれた。総裁は浜口雄幸《おさち》。「民政党」という党名は、「国民の総意を帝国議会に反映し、天皇統治の下《もと》、議会中心政治を徹底せしむべし」との綱領とともに当時斬新《ざんしん》なものとして注目された。『人間中野正剛』は民政党の名付親も、「議会中心政治」を唱えたのも中野であるといい、また『永井柳太郎』には、民政党の名は永井の提案で、「中野正剛との合作という説もあるが」といっている。いずれにせよ永井・中野といった若い世代の政治家が新党をリードしてかねての夢を託したのであり、犬養へ憲政会入りを報じた手紙に、「且新顔として学窓時代よりの友人も数多加入し、どうやら力の入れ甲斐あるべく存候」といったとおり、中野は束《つか》のまの栄華に酔う政党政治の華やかな脚光を浴びて活躍するのである。

『九州日報』経営

昭和三年（一九二八）一月、中野は『九州日報』の経営に乗り出し、社長となった。

最初の普選

二月二十日、最初の普通選挙に最高点で当選。

七月二十日、父泰次郎が肺炎で死んだ。行年《こうねん》七十一。

東方会議

かねて満蒙積極政策を唱えた田中内閣は、組閣直後の東方会議において「対支政策要綱」を決定、満蒙への積極的関心と用意を表明したが、これは早くも満洲国の青写真をつくったのであった。一時下野《げや》、来日した蔣介石は三年一月、ふたたび北伐軍総司令に復し、四月第二次北伐を開始、二年六月以来大元帥として北京にいる張作霖に迫った。これにたいし田中内閣は第二次山東出兵を行い、済南において日中軍が衝突する済南事件が起き、日中関係の不幸な転機を来した。

事件後、田中内閣は第三次出兵を行うとともに、五月十八日、張作霖と南京政府に覚書を手交して、「戦乱京津《けいしん》（北京天津）地方に進展し、その禍乱満洲に及ばんとする場合は、帝国政府としては満洲治安維持のため、適当にしてかつ有効なる処置を取らざるを得ざることあるべし」と申し入れた。これがいわゆる満洲治安維持声明である。

満洲治安維持声明

その直後、六月三日、中原《ちゅうげん》制覇《せいは》の夢破れた張作霖は故山満洲に逃れたが、奉天を眼前にして列車を爆破され、数奇な一生を閉じた。これは田中内閣が「適当にしてかつ有効なる処置」に出でないのを不満とした関東軍の高級参謀河本大作らが、「巨頭を斃《たお》す。これ以外に満洲問題解決の鍵はないと観じた。一個の張作霖を抹殺すれば足る」（河本手記）として暗殺したのである。

張作霖爆死

田中はナポレオン三世に酷似

張作霖の去ったあと国民軍は北京に入城して北伐を完成。南北統一の偉業を成就した蔣介石は十月十日国民政府首席に就任した。一方、張作霖を継いだ学良は国民政府と妥協して青天白日旗を掲げたが、田中内閣はこれにたいし、信義なき国民政府の下に東三省《とう》(満洲。奉天・黒竜江、吉林の三省よりなる。)の治安を委《ゆだ》ねるは到底黙視するに忍びずと警告、学良もやむなく妥協の中止を声明した。しかし統一の大勢は所詮阻《はば》み得るものでなく、排日・抗日の雰囲気を次第に濃化したのであった。

このいわゆる満洲某重大事件の直後、七月三十一日、中野は郷里福岡で行った「対支

張作霖と二令息

政策の更新」と題する演説で、「わたしはまさか田中首相が張作霖を殺さすようなそんな馬鹿なことをするとは信じません」が、張歿後の満洲は田中の手に負えない実に「厄介な代物《しろもの》」になったといい、済南事件を尼港事件の二の舞であると非難し、田中内閣の対中外交の行詰りはことごとく田中の胸底にひそむ「不徹底なる侵略主義」のしからしめるところだとして、田中は「事を好んでしかも成算を有せざるところ」かのナポレオン三世に酷似《こくじ》するといった。

『田中外交の惨敗』

中野はさらに三年十二月に公刊した『田中外交の惨敗』というパンフレットで、いまや日中関係は相互の国民的憎悪にまで深入りしており、これはひとり日本の不幸だけでなく、新国家創生期にある隣邦中国の不幸であり、同時に東洋全体の不幸である、そしてこれをもたらしたのは今日の中国の発展軌道に逆行する田中外交の露骨な反動思想であるとして、「支那の統一は支那の現代的大勢である。今日の場合、青天白日旗の掲揚を禁ずることは、新支那そのものを否定することである。これは全支那を敵として初めて可能である」といい、さらにつぎのごとく述べているが、この中国論は満洲事変後の彼の見方と端的な相違を示すものとして注目されよう。

中国の統一と日本

国民党の運動は支那の近世的環境が生んだ当然の歴史的発展である。……国民政府の下に支那の統一が成立するの日は予期し難いにせよ、畢竟《ひっきょう》斯くなることが実際の傾向である。然して斯くの如きは独り日本帝国の利益の擁護と衝突せざる許《ばか》りでなく、反対に支那が統一される日こそ、日本と支那との全国的握手によって、相共に世界的文化の発展に寄与すべき時である。日本の利益が支那の統一と矛盾すると解するが如きは、自信の欠乏から生ずる幻影《げんえい》である。吾人は満洲に於ける日本の特殊の権益を不自然に破壊せんとするものは、その支那自身たると第三国たるとを問わず、必ず失敗することは疑はない。支那の統一と文化とは満洲に於ける諸種の懸案の解決には必要の条件

日中交渉はフェア＝プレーで

である。何となれば日支交渉は支那の主権と日本の主権との間に、フェア＝プレーとして行はねばならぬからである。

第五十六議会

張作霖爆殺事件を調査の結果、犯人が関東軍高級参謀であると知って驚愕した田中首相は、そのむね天皇と元老西園寺に報告し、犯人を軍法会議に回そうとしたが、陸軍も内閣も軍法会議によって事件の真相を公表することの内外に及ぼす悪影響に藉口《しゃこう》して反対した。これを押し切れなかった田中は、同事件は「目下調査中」という頬かぶりで第五十六議会を乗り切ることにした。

政友会の宣言

昭和四年（一九二九）一月十九日、議会の再開に先立ち政友会院外団は大会を開き、「……しかるに反対党は……政権争奪に急なるのあまり、辞を外政に構え……はなはだしきにいたっては無稽《むけい》の事実をとらえてこれを大呼し、いたずらに外邦の疑惑を深からしめ、称して暴露戦術という、その国威を毀損《きそん》し、国権を阻害するの実情にいたりては、忠誠なる国民の断じて許容しあたわざるところなり」と宣言し、また二十日の政友会大会宣言も、「かのいたずらに政権の獲得を夢想して大計を度外にし、あるいは邪説蜚語《ひご》を流布して民心を惑乱《わくらん》し、あるいは術数を弄して国利国益を犠牲にするをかえりみざるがごとき徒輩にたいしては、断乎としてこれを排撃し……」といって民政党を牽制、一方田中は議会再開の翌二十二日、民政党総裁浜口、さきに民政党を脱して新党倶楽部に拠った床次と会談、満洲某重大事件は国際的な影響が大きいから政争の外に置いてもらいたいと申し入れたが、浜口はこれを拒絶した。

田中義一

三日にわたる一問一答

　一月二十五日、予算総会が開かれるや中野と田中の一問一答が展開された。『報知』(二十六日付)は、「田中首相と中野正剛氏、重大事件で一騎打ち、敵味方ともかたずを呑む、惨たる初の予算総会」とその緊張した雰囲気を報じたが、この質問は二十六日・二十九日と三日間つづけられた。中野はさきの「対支政策の更新」および『田中外交の惨敗』に表明した見解にもとづき、田中首相の政治的責任を追及したのである。

列国の疑惑

まず満洲治安維持声明は、イギリス議会でロイド＝ジョージが日本は満洲に覆面の保護領を建設するつもりでないかと問い、また労働党議員ポンソンビー Ponsonby of Shulbrede が日本は満洲にバーチュアル＝プロテクトレイト（実際上の保護領）をつくるのでないかと質問したように、各国を驚愕させ、また同時に出先の関東軍を極度に緊張させて、満洲は自分の武力で治安を維持する、いいかえれば張作霖はふたたび満洲には入れないという空気を醸成した、このときに満鉄付属地、日本の行政権の範囲内において某重大事件なるものが発生した。今日満洲で張作霖を殺したのは誰かなどというと笑われてしまう、そのくらい日本への疑惑が深く

関東軍の緊張

田中首相の政治的責任

なっているのに、なぜこの事実を発表しないのか、また責任を関東軍司令官だけに負わせて総理大臣としての政治的責任を取ろうとしないのはなぜか、と微に入り細にわたって田中首相・白川陸相(義則)を追究し、ついに答弁不能の状態にまで追い詰めたのち、つぎのように田中の決意を促して質問を打ち切った。「あなたの決心一つでわが帝国の名誉が保たれます。あなたの決心一つでわが帝国は文明国としての体面が保たれます。田中義一君は一身の地位重きか、国家の体面重きか、また皇軍の名誉重きか、その地位を抛《なげう》つことは国のためにもできませぬか。」

帝国の名誉

ワンサイド＝ゲーム

『人間中野正剛』はこの一問一答を評して、議会史あって以来のめざましい論戦で、ほとんど田中首相を気死せしむるものであった、といっている。事実そのとおりだが、「論戦」としては完全なワンサイド＝ゲームであった。民政党はさらに一月三十一日、衆議院に「満洲某重大事件真相発表決議案」を提出、追討ちをかけたが、これは百五十四票対二百二十票、六十六票の差で否決された。

田中内閣総辞職

某重大事件をはじめ数々の政治的傷手《いたで》を受け、蹌踉《そうろう》として第五十六議会を終えた田中内閣は、六月二十八日、村岡関東軍司令官の予備役編入、河本高級参謀の停職その他の処分を発表した。軍法会議を避けて行政処分だけで糊塗《こと》したのだが、これを天皇から詰問されて恐懼《きょうく》した田中は即座に辞意を決し、「たまたま客歳《かくさい》国外に発生した某事件がはしなくも党争の具に供せられ、ついに政治問題化するにいたりたるの一事は、国家のため、はた憲政のためまことに痛恨に堪えず、しかして本件に関し輔弼《ほひつ》の重責にかえりみて恐懼措《お》くあたわざるなり」と声明して、

田中の死

七月二日総辞職した。同声明の末尾を「庶幾《こいねがわ》くは区々の老軀残生を捧げて忠忱《ちゅうしん》を君国に効《いた》さんのみ」とむすんだ田中は、以来怏《おう》々として楽しまず、挂冠《けいかん》後いくばくもない九月二十九日、狭心症で急逝した。シベリア出兵以来、つねに中野の「舌《ぜっ》鋒《ぽう》・筆刃《ひつじん》の標的」であった田中だが、胸中一抹《いちまつ》の謹慎を蔵していたのだ。

元兇河本の手記

一方、停職処分を受け、一年後予備役に編入された河本は、その「手記」に、

日本の政界では満蒙問題解決に邁進する誠意を欠き、張作霖爆死事件をめぐって、これに善処するどころか、かえってこれを倒閣の具に供さんとさえする一派が出て、中野正剛らはそれに狂奔するありさまであった、ときの陸相白川義則《よしのり》大将は、いたずらに愚直で、事件にたいする答弁は拙劣をきわめ、ますます中野らに乗ずる隙《すき》をあたえ、ついに田中内閣はこのため倒壊するにいたったといい、「政争はついに国策をあやまって憚らない。政党政治の弊はここにきわまり、もっとも顕著な悪例をわが憲政史上に残したのはこのときである」と慨嘆している。

下剋上の因

満洲問題解決の「鍵」は一個の張作霖を抹殺するにあると称して、大元帥の位にある人を暗殺し、しかもそれがなんら解決の鍵とならなかったばかりか、かえって中国との紛争を激化し、列国の猜疑《さいぎ》と指弾《しだん》を招き、また田中首相や白川陸相を窮地におとしいれながら、彼らの愚直・拙劣を責め、「政党政治の弊」が国策をあやまるなどと放言して憚らぬ、こういう謹慎ならざる軍人が日本をあやまったのである。しかもこの元兇《げんきょう》を軍法会議にかけず、行政処分で糊塗《こと》したのが、やがて三月事件や十月事件の俑《よう》をつくり、陸軍における出先の専断や下剋上《げこくじょう》を由来する。

議会史上不朽の記録

かくて中野はわが議会史上不朽の記録をとどめたが、しかしこれを境として、それまで寺内正毅《まさたけ》論やシベリア出兵反対や陸軍機密費の摘発等に示して来た、むしろ「反軍的」ともいうべき痛烈な軍閥批判は漸次《ぜんじ》影をひそめ、やがて満洲事変を契機に軍部と接近し、大きく帝国主義に傾斜するのである。

一〇　民政党脱党まで

逓信政務次官

昭和四年（一九二九）七月二日、田中政友会内閣に代って浜口民政党内閣成立、中野は逓信政務次官となった。

妙な役目

某重大事件の一問一答で田中内閣を窮地に追い詰めた論功行賞からいっても、内閣書記官長くらいを期待していたらしい中野にとって、逓信政務次官は「妙な役目」に思えた（『我観』六年二月号「党本部に帰るまで」）。しかし書記官長はおろか、どの大臣も御《ぎょ》し難い悍馬《かんば》である中野を敬遠して次官に取ろうとしないので、やむなく中野のボスである内相安達謙蔵が逓信大臣小泉又次郎にむねをふくめて次官にさせたといういきさつがあった。

電信電話民営案

「又さん大臣」と呼ばれた苦労人小泉の情誼に感じた中野が、これも新任の事務次官今井田清徳と協力し、逓信省の全力を傾倒して当ったのが電信電話民営案である。これは、運営はいままでどおり政府でやるが、電信電話の建設・改良・維持は、官民合同の会社に、民間の資金で行わせようとするもので、十年間に電話を五十万個増設し、八年後には電話の架設を無料にする大計画で、彼は部下を督励してこれに没頭した。

浜口か犬養か

浜口内閣は昭和五年（一九三〇）一月十一日、組閣以来十大政綱の一つとして掲げて来た金解禁を行って、十三年振りに金本位制を復活。第五十七議会を解散して二月二十日総選挙。「浜口か犬養か」で争った結果、民政党は二百七十三名の絶対多数を握り、総選挙後の第五十八特別議会において、さきにロンドンで調印された海軍軍縮条約を通過させた。

ロンドン条約

次いで条約は枢密院に諮詢《しじゅん》されたが、その審査委員長は、かつて中野のために「一狎邪《こうじゃ》の小人にして市井《しせい》の無頼《ぶらい》なり」と弾劾されて、「復仇の念に燃えた」伊東巳代治である。伊東らは条約に反対する海軍や政友会や右翼とむすんで条約を否決し内閣を倒そうとしたが、弱腰の若槻とちがって「ライオン」といわれた浜口は圧倒的な輿論の支持を後楯《うしろだて》に枢密院と対決、伊東らはついに屈して、十一月一日、条約は批准された。この間における浜口の奮闘は政党政治最後の光芒《こうぼう》を放ったものであるが、しかしこのため十一月十四日東京駅で一青年のために狙撃され重傷を負うた。

浜口狙撃さる

党内不統一

浜 口 雄 幸

浜口の病臥中、臨時首相代理には外相幣原《しではら》喜重郎が当ることになった。しかし幣原は宮中席次こそ上だが党外の人であるから政党内閣としてふさわしからずとして、安達系を中心とする少壮有志代議士は、浜口総裁全快まで、

「党中の中心人物」を総裁代理および首相代理とすべしと決議した。この中心人物とは安達を意味するこというまでもない。こうして絶対多数を擁する民政党も浜口が病床に就いて以来、次第に結束がゆるみ、また万事ことなかれの消極主義におちいり、そのため中野が意気込んだ電信電話民営案も六年度予算に計上されないことに閣議決定したので、中野は責任を負って十二月十七日逓信次官を辞任した。

次官辞任

病床の浜口に宛てた六年一月八日付の長文の手紙のなかで、中野は辞任の事情をつぎのように報告している。

浜口への手紙

「小生一身としては城を預り居る時は城を守りて討死し、砦《とりで》を預り居る時は砦にて討死するを以て予《かね》ての覚悟と致居候間、夙《つと》に申上置候通り電話案が骨抜となりしと共に責を引きし次第に有レ之候、唯逓信省一同の者共が、前例なき苦心勉励にて成し遂げし一年間の大調査が、格別の討議も経ずして水泡に帰し、可惜《あたら》浩瀚《こうかん》なる書類一切挙げて之が実行を後継内閣に譲るに至らんとすること誠に腑甲斐《ふがい》なき結末にて遺憾千万に有レ之候、畢竟《ひっきょう》内閣の方針が総裁の御遭難後一切事勿《ことなか》れ主義に堕し、朝日新聞の所謂《いわゆる》政治的休業の犠牲かと思へば今更ながら残念至極に有レ之候。」

社会不安

浜口は病を押して一旦は登院したが、そのため病状悪化して六年四月十三日総辞職、代って若槻が民政党総裁・総理大臣となった。そして昭和六年（一九三一）の内外情勢は、三月事件（三月）、ドイツ金融大恐慌（七月）、満洲事変・英国金本位停止（九月）、十月事件（十月）と加速度的に悪化し、とくに浜口内閣以来の金解禁・緊縮政策は、おりからの世界恐慌と重なって深刻な不景気と社会不安を現出した。

若槻礼次郎

　この年の六月にさきに切断した左足の再手術をし、七月十七日には京城で

長男の死

沈潜

生れた長男克明（早大在学中、十八歳）を北アルプスの遭難で喪《うしな》う等、中野の身辺もまた多事であったが、右の浜口宛の手紙に、「偖《さ》て小生は退職後謹慎中にて、専ら読書思索を事とし、所謂聾桟敷《つんぼさじき》に坐し、我党の重要事に就ては一切与《あずか》り聴く所なし」とあるとおり、努めて読書と思索に沈潜し、激動する世相の底流を探ろうとした。

『沈滞日本の更生』

彼らはもう堪えきれぬ

中野はその沈潜の所産を『沈滞日本の更生』と題する小冊子にまとめて八月に出版した。彼は、経済恐慌下の日本、とくに深刻な不景気に苦悶する農村の状態は、アーサー＝ヤング Arthur Young の旅行記にある革命前フランスのそれを彷彿《ほうふつ》させるとして、「彼等はもう堪えきれないのだ」といい、オーソドックスな財政経済原理が効果を現わす前に国家の細胞たる国民を枯死させてはならぬと主張、井上蔵相（準之助）の緊縮政策を批判した。

また外交論では、今日ほど中国の人心が日本から乖離《かいり》したことは、日清戦争以来はじめてであるといい、もし彼らが打倒帝国主義の名のもとに満蒙における日本の正当な権益を強奪しようとするならば、日本はいま一度国運を賭して峻拒《しゅんきょ》しなければならぬとし、日中は速かに懸案を一掃し、共通のアスピレイション――東亜の解放の上にアジア＝ブロックを組織し、これを基礎として世界の各ブロック化に対応しなければならぬと論じた。

井上財政・幣原外交への反逆

要するに、「経済はレェセ＝フェア（自由放任）、外交は無関心、それは旧時代の夢である」というのが同書の結論であり、それはとりもなおさず民政党内閣の二つの看板――井上財政と幣原外交にたいする反逆であった。

満洲事変

九月十八日、柳条湖《りゅうじょうこ》の鉄道爆破から満洲事変勃発。若槻内閣はただちに不拡大方針を決めたが、関東軍はかねての計画にしたがって進撃し、若槻自身のいうとおり、「日本の軍隊が、日本の政府の命令にしたがわないという奇怪な事態となつた」（『古風庵回顧録』）。また事変勃発の三日後二十一日、英国は金本位制を停止して経済界に大きな衝動をあたえ、日本の金輸出再禁止を不可避と見て猛烈な円売りドル買いがはじまり、正貨は流失して、井上財政の基本である金本位維持が困難となった。

協力内閣の構想

こうして民政党内閣の二つの支柱である幣原外交と井上財政が二つながら行き詰って、若槻は政局担当の自信を失い、十月の末に内相の安達と話し合った結果、このさい民政・政友両党の挙国一致内閣によって時局に対処するほかはないとの結論に達した。そして民政党が内閣を投げ出すのだから、首班は政友会総裁の犬養に行くこともやむを得ないし、若槻も場合によっては大蔵大臣をやってもいいとの話まで出た。安達は治安担当の内務大臣として、また党内切っての情報通として、三月事件や十月事件の不穏な情勢に通じ、内閣の二つや三つブッ潰してもかまわぬという陸軍の決意を承知していたから、協力内閣説にはもとより賛成だが、しかし若槻の薄志弱行をよく心得ている彼は、もう一晩寝てユックリ考えてくれ、明日になっても考えが変らぬなら改めて相談しようといって別れた。翌日になっても若槻の考えは変らぬというので安達が動き出した。

若槻と安達は十一月一日に上京した元老西園寺を前後して訪ね、協力内閣の構想を伝えた。そのあとで安達は民政党の中枢である常任顧問富田幸次郎・筆頭総務頼母木《たのもぎ》桂吉《けいきち》・総務永井柳太郎・同中野正剛・幹事長山道襄一の五人を招いて右の経緯を話し、党内をまとめてくれと頼み、五人もこれに賛成した。中野によると、このとき、一人は血をすすってこの目的達成を期するといい、また一人は、いままで党人としての先輩安達を見て来たが、今日はじめて国士安達の面目を見るといったとのことだ

国士安達の面目

安達謙蔵

（『政局の真相と吾徒の動向』）。

若槻の変心

協力内閣の矢はすでに弦《つる》をはなれたのだが、若槻はやはり弱腰であった。幣原と井上に反対されて彼は豹変した。犬養を首班とする連立内閣になれば、幣原外交も井上財政もその政治的生命を失うのは明らかだから二人の反対は当然だが、若槻にはこれを押し切る力がない。「この両大臣の反対を押し切ることは、わたしのよくするところではない。わたしは連立内閣を断念し、この問題を打ち切ることにした。それで安達を呼んで、こういう反対があるので、あのことは断念するから先日頼んだことは中止されたいと告げた」と若槻は『回顧録』に書いている。

若槻と安達の齟齬

しかし安達としてはそう簡単には済まされない。彼は若槻に初《しょ》一念を貫ぬくよう勧めておいて、十一月十日熊本の特別大演習に参加のため西下し、その車中で協力内閣にはあえて反対しないと語り、一方若槻は十四日の議員総会で、協力内閣説を排して単独邁進すると言明、両者はまったく齟齬《そご》してしまった。

安達の声明

二十一日に帰京した安達は、即日、「しかし、時局はなんと見ても重大である。ゆえにもし国民の信念と決意とを示す上において、政党の協力を基礎とする国民内閣を必要とする場合が生じたならば、いつでもこれに応ずるに決して躊躇するものではないことを言明する」と声明したが、これは京都まで出迎えた中野が留守中の情勢を報告して、安達の立場をハッキリさせたのである。

富田・久原の覚書

この強引《ごういん》なやり方はいっそう若槻側を硬化させ党内はいよいよ紛糾《ふんきゅう》した。そこで顧問の富田幸次郎が事態の収拾に乗り出し、まず若槻に会ったところ、協力内閣にはべつに異存はないが実現が困難だから、というので、それならできるかできぬか政友会に当って見て、できるようなら改めて相談したいと若槻にいい、ただちに政友会幹事長久原房之助《くはらふさのすけ》と交渉に入った。十二月九日になって富田と久原の二人は、「国家重大の時局に鑑み、両党相提携して協力内閣の成立に尽力すること」という覚書を取り交し、これにもとづいてそれぞれの党内をまとめ、順調に行けば富田は犬養を、久原は若槻を訪問し、交渉委員を挙げて両党間の正式な話合いに入ることにした。

総辞職

翌十日、富田がこの覚書を持参して若槻に会うと、若槻はそれに一顧もあたえず、かえって安達に辞職を要求、安達が単独辞職に応じないため閣内不統一をもって若槻内閣は十二日総辞職の余儀なきにいたり、ここに軍部の攻勢にたいする最後の防波堤としての協力内閣の構想はまったく破れ、犬養政友会内閣の出現となった。

脱党

犬養内閣が成立した十二日夜、安達邸に集まった富田や中野は安達とともに脱党届を書き、杉浦武雄・風見章・田中養達・由谷義治らもこれにつづいた。「民政党」の党名や「議会中心政治」の綱領に政治家としての大きな夢を託した政党と袂別《べいべつ》した中野は、その夜のことを、「其脱党する晩の光景が頗る面白い。私は赤

永井と中野

穂の城明渡しの評定はこんなものじやなかつたかと思ふ。初め強がつて居つた人が妙なことを言ふ。妙なことを言つて帰つてしまう。赤穂でもたつた四十七人しか残らなかつた理由がわかつた」と述懐している（『政局の真相と吾徒の動向』）。中野のいうはじめ強がっていながら脱党しなかった一人は永井である。協力内閣実現に奔走しながら、なぜ永井が安達と行をともにしなかったのかはその伝記にも明らかでない。民政党のホープとして、雄弁家として、永井・中野とならび称された二人はここに袂《たもと》を分かち、それからもっとも対照的なコースを歩むことになる。

永井柳太郎

筋ちがいではなかった

この協力内閣の構想について、『人間中野正剛』は、「それにしても安達構想は、もし柳条溝以来の軍の馬車馬を抑制するのが目的であったとすれば、それは少なくも筋ちがいではなかった。満洲事変の突発以来、政党は軍の鼻息に押されて、ほとんどヒョロヒョロ腰であった。そのさい、政府の権威の保持は、政党の総結集によってのみわずかになし得ることであった」といっている。協力内閣が計画どおり実現したとして、当時のぬき難い党人心理がはたして「協力」の実を挙げ得たかどうか、そして予期のごとく軍部を抑制し得たかどうかはもとより疑わしいが、しかし構想としてはたしかに筋ちがいのものではない。

庸人位にありて

　一党一派に偏しない挙党連立内閣によって陸軍を制肘《せいちゅう》しようとした構想はあえなく挫折したが、この失敗の原因は、幾分は安達側とくに中野の強引にも因るが、大部分は若槻の薄志弱行にある。中野は若槻を評して、「此問題に関する若槻氏の態度を通観するに、此人に何等の悪意はない。彼は善良の人であり、好意の人である。併しながら憾《うら》むらくは真剣味が足らぬ、腰に力がない、意志薄弱である。

咢堂の若槻論

其上頭脳明晰《めいせき》で、所謂明哲保身《めいてつほしん》の術は、官僚的習性を以て磨きあげられている。古来庸人《ようじん》位にありて社稷《しゃしょく》を危うする者、多くは此類《たぐい》である」といっている（『転換日本の動向』）。随分痛烈のようだが、尾崎咢堂なども、若槻は頭はよほど優れているが、心がけが悪いとして、「匹夫にして宰相の位を汚すもの」といった（『咢堂回顧録』）。咢堂と中野の若槻観は期せずして一致している。

「子や時に会はず」

こうして民政党を脱した中野のそれからの政治遍歴について、諸方は、「安達・中野の政界の蹭蹬《そうとう》はこのとき以来つづけられた」といい（『人間中野正剛』）、また中野と同時に脱党しやがて中野とも袂を分かつ風見は、中野が政治家として悲劇の人におわったのは、時代が彼のような奔放不羈《ふき》で激しい徹底した生き方をする者にとって不向きであったからだとして、「子や時に会はず」との古人の言を引いている（『父・中野正剛伝』序）。

彼にもっともふさわしい時代

しかし事実は、満洲事変より太平洋戦争にいたる狂瀾怒濤の時代こそ、「奔放不羈《ふき》で激しい徹底した生き方をする」中野にとって、もっともふさわしい時代だったのであり、またその政治遍歴がよそ目にはいかに蹭蹬（道に疲れるさま）と見えようとも、それは一人の男性が力の最後の一オンスまで出し切った奮闘の記録であった。

一一　ファシズムへの傾斜

代々木の新居

昭和七年（一九三二）一月十一日、渋谷区代々木本町八〇八番地に新築した家が落成。この新築についてドル買いにからむ妙なうわさも一部にあったが、これは岳父の雪嶺が改造社の『現代日本文学全集』の印税から一万円を出して建てさせたもので、いわゆる円本《えんぽん》景気の余沢である。孫をちかくに置きたいといって、長男克明を北アルプスで喪《うしな》った中野を慰める雪嶺の親心であった。

殺風景な建物

中野が自分で設計した、猶興居《ゆうこうきょ》の道場もふくむこの新居は、『朗《ほがらか》』という住宅雑誌（十三年四月号）が、村役場か寄宿舎をやや文化的にしたような「随分殺風景な建物」で、ただ隠居所の前だけが若干庭らしい趣があり、これは親思いの現われであろうが、「氏ほどの知名の士の住居としては型破りで質素なものである」と書いている。いくら殺風景でも四十七歳ではじめて持った自分の家であった。

脱党第一声

居は気を移すで、この新居で気分を一新した彼は、一月十五日、神宮外苑の日本青年館で「政局の真相と吾徒の動向」と題して民政党脱党後の第一声を挙げ、

『転換日本の動向』

さらに同月末、千倉書房から『転換日本の動向』を出版、幣原外交と井上財政の委任統治下に置かれて立党の精神を喪失せる民政党からの脱党のやむを得なかった事情を報告し、二月二十日の総選挙には無所属ながら最高点で当選した。

犬養の所信

この総選挙で与党政友会は三百四名という空前の絶対多数を獲得。犬養首相はこの国民的支持のもとに、かねての所信に進もうとした。彼は日中関係の全面的改善のためには「満洲は大事の前の小事」に過ぎぬとして(上原元帥宛て二月十五日付手紙)、三月九日建国式を挙げた満洲国の承認に反対し、さらに五月八日の政友会関東大会では、一部にある議会否認の傾向を排撃して「議会政治の妙用」を力説、大いになすあらんとした。

黒い影

しかしこのときすでにファシズムの黒い影は日本を覆うていた。五月十二日の『東日』は不吉な予兆を伝えている。「最近政民両党は相前後してファッショ排撃の声明を発し、議会政治否認の傾向に抗争する態度を表明しているが、それにもかかわらず内外の多事、国民生活の逼迫《ひっぱく》、政府の無力はかえって暗欝なるファッショ的重圧に転化して政界の底流に急迫し、一歩をあやまれば犬養内閣は議会政治破局を招来しはすまいかとも見られている。第二次臨時議会召集の日も目睫《もくしょう》の間に迫ったが、議会終了後あたりに、あるいは異常性を帯びた政変があるのではないか、という一抹の不安が漂うている。」

五・一五事件

それから三日後、五・一五事件。犬養は制服のテロリストのために斃《たお》され、政党政治は終焉《しゅうえん》となった。

犬養への追悼

九州日報社新築落成式に出席のため帰省中の中野は、犬養の死を聞いてつぎのように語った。「犬養さんもとうとう亡《な》くなられたか、まことに痛惜《つうせき》のいたりに堪えぬ。犬養総理大臣は自分の学生時代から知遇を辱《かたじけの》うした先輩であり、立憲問題・対支問題等に関する先生の経綸を聞いて青年の脳裡に政治上の理想に関する芽生えを生ぜしめた恩人である。犬養先生が立憲政治のため努力せられること数十年、国会開設以前より藩閥打破を叫び、憲政擁護を唱え、普通選挙を説き、わが憲政のために努力せられたことは多大のものがある。しかし三百余名の大政党を提《ひっさ》げて内閣を組織せられるに及び、その憲政の基礎たる議会政治の根柢に疑念をさしはさむまでに時代の潮流の激変したことを思えば感慨無量である」(『九州日報』十六日付)。

師と弟子の乖離

時代の潮流の激変もさることながら、これがかつて「木堂先生に与ふる書」において、各節をおわるごとに「先生蒲柳《ほりゅう》の質、夫れ加餐《かさん》自重せよや」「請ふ益《ますます》自愛せよや」とリフレインし、熱烈な敬意を表した中野の木堂にたいする追悼の辞であることの方が、はるかに「感慨無量」であろう。この通り一遍の言葉からも窺われるように、中国問題について、議会政治について、かつての師と弟子とはすでにまったく乖離《かいり》していたのである。

満洲事変観

中野は満洲事変について、「柳条溝の鉄道を眼前において破壊されたときに、守備隊が決然起って大和魂本然の姿を現わしたのである。向うがやったからこっちがやったのである」といい（『危機線上の日支』）、また満洲における日本の権益を奪還せんとするのは中国であり、したがって「満蒙において侵略を受けたるものは日本であって支那でない。侵略せるものは支那であって日本でない」と主張する（六年十二月十五日付『東朝』所載「満洲をどうする」）。そして世界におけるナショナリズムの強化と経済ブロックの形成は、日本の経済生活圏を満蒙まで拡大することを必然ならしめたとして、満洲国の即時承認を説く。

豹変

これは、かつて「腕力」で満洲に進出しようとした田中外交の侵略主義を非難し、「我々は決して満洲を侵略するの意図を有しない」といい、満蒙問題の解決は日中間のフェア＝プレーとして行われねばならぬと主張した中野として大きな豹変である。さきに張作霖暗殺を皇軍の不名誉であり文明国の汚辱《おじょく》であるとして田中首相や村岡関東軍司令官の責任を追及した中野は、今度は満洲事変の工作者であり責任者である板垣（征四郎）や石原（莞爾《かんじ》）の責任を問わないのみか、かえって「猛然として立ち上った」彼らを「讃嘆」し「崇拝」するとまでいったのは（『危機線上の日支』）、大きな矛盾である。

板垣・石原

オブラートの差

満洲事変は田中内閣の東方会議で決定した「対支政策綱領」、すなわち満蒙を「内外人の安住の地たらしむる」計画の継続・発展である。東方会議の中心人物森恪のいうとおり、同会議は満蒙独立計画を包むオブラートであった（『森恪』）、東方会議より山東出兵・満洲治安維持声明・張作霖爆殺にいたる動きと、柳条湖鉄道爆破にはじまる満洲事変とは、一枚のオブラートの有無がちがうだけで、「腕力」で進出する侵略主義の本質において少しも変るところはない。

中野が「讃嘆」し「崇拝」する板垣や石原もまた田中義一や河本大作の系譜を継ぐ者であり、「軍閥の侵略主義」においてなんの変りもない。ただ田中の優柔や河本の拙劣に比して、板垣・石原が明敏であり果断であったという相違があるだけである。東方会議から満洲事変まで軍閥は少なくともその侵略主義の本質において一貫している。豹変したのは中野だ。

満洲国視察

満洲国即時承認論者となった中野は、斎藤(実)内閣が九月十五日満洲国を承認し日満議定書をむすんだ直後、二週間にわたり同地を視察した。

社会国民党の夢

民政党脱党後、中野が抱懐した政治的構想は、ソーシャル＝ナショナリズム(社会国民主義)にもとづく「社会国民党」の結成であった。社会国民党を説明して彼はつぎのようにいう(『転換日本の動向』)。「従来の右傾派は固《もと》より国家を思念した。併し国家の構成分子として、特権階級を偏重して、社会大衆に対する認識が足らなかった。又従来の無産党は、多くプロレタリアを思念したが、国際と国家とに対して、認識を欠いていた。彼《か》の満蒙問題を論じて、帝国主義戦争絶対反対と声明するが如きは、大衆が国家に依存し、国家が国際に働きかくべき事を考察せざる証拠である。仮想せられたる社会国民党は、国際を認識し、国家を認識し、大衆を認識し、生産と分配を普遍的に認識して、国民主義の下に整調・組織・統制せんとするものである。」

議会政治への懐疑

彼はこれを一個のイマジネーション(仮想)、あるいはヴィジョン(幻想)であるかもしれぬといっているが、ただここで注目されるのは、かつて「議会中心政治」を率先提唱した中野が早くも議会政治への懐疑を表明し、デモクラシーも憲政の常道も形式であり手段であって、「時ありては如何なることも為《な》さねばならぬ」と

「日本のヒトラー」

いっている点である。二月一日付の『東日』が、「日本のヒトラー中野正剛さん」と書いたのは偶然ではない。

国民同盟

中野の描いた「社会国民党」はやはり幻想におわり、現実に結成されたのは民政

ファッショ＝ユニホーム

党脱党組を中心とする国民同盟で、十二月二十二日結盟式を挙げた。総裁安達、幹事長山道襄一。統制経済の確立、極東モンロー主義、日満経済ブロックの建設等を政策として掲げ、また日本の政党としてはじめて黒サージの制服を用いた。新聞はこれを「ファッショ＝ユニホーム」と呼んだが、しかしかねて新聞がファッショ的色彩濃厚と予報したような政党でなかったことは、党首安達の人柄や民政党脱党組を主とする人的構成から見ても当然であろう。

国民同盟の結成

昭和八年（一九三三）三月二十七日、日本は国際連盟を脱退したが、中野は脱退論の急先鋒であった。

逓友同志会統令

同年十月八日、逓友同志会統令《とうれい》に就任。十日付『大毎』には、「中野正剛氏、労働運動へ乗り出す。ナチスのごとく組合を統一するか」とあり、注目されたが、これは十ヵ月でおわり翌九年八月同志会は総同盟に復帰した。

東方会再建

『国家改造計画綱領』

同志会統令就任と前後して、中野は『東方時論』経営当時の東方会の名を復活し、事務所を青山の乃木神社前に設け、『東方会叢書』第一集として『国家改造計画綱領』を公刊。十一月二日にはこの東方会の主催する日比谷公会堂の講演会で「国家改造の指標」と題して講演。中野はこの『綱領』と講演において、満洲事変以来の内外情勢を「世界的一大非常時」と規定し、これに処するため「合法的独裁権」の必要を主張、つぎのような政治機構改革案を提示した。

一、一切の既成政党政治と絶縁して、強力内閣を組織し、合法的手段により、独裁的に非常時国策を断行すべし、二、一定年限を限り、議会より非常時国策の遂行に必要なる独裁的権限を内閣に委任せしむべし。三、衆議院議員選挙法を改正し、職業代表に重点を置き、従来の一般代表議員数を総議員数の一定割合に減少すべし。

ファシズム宣言

独裁権を合法的に獲得しようと、非合法的に獲得しようと、独裁政治に変りはない。この年の一月三十日、ドイツの首相となったヒトラーは合法的に政権を獲得したのであった。その全権委任法——命令をもって法律に代える独裁権は、議会において合法的に承認されたものであった。全権委任法は四年間の期限つきであったがそれは無視され、ヒトラーの独裁政治は確立された。中野の政治機構改革案は、ヒトラーのそれとほとんど変らぬ独裁体制の主張である。かくて『国家改造計画綱領』は彼のファシズム宣言となる。

党中党

東方会は『叢書』を発行し、講演会を開き、独自の綱領まで持ったのだから、国民同盟において党中党を建てた観をまぬかれない。事実、中野は国民同盟にも総裁の安達にもすでにあきたらなかったのである。国民同盟が黒の制服を採用したとき、中野は率先して着たが、安達は「そんなツマランものは着られん」とニべもなく拒絶した。たしかに安達はバンドつきのユニホームよりも、彼が横浜郊外に建てた八聖殿で衣冠束帯する方が似合う人であり、中野と安達は思想的にユニホームと衣冠束帯くらいのちがいがあった。

安達の内閣審議会入り

二人の齟齬《そご》は、十年（一九三五）五月、岡田（啓介）内閣が新設した内閣審議会に安達が入ったとき表面化した。この審議会は岡田によれば「政府の企画機関として挙国一致の人材を集め、内閣が代々更迭《こうてつ》しても、ここで一貫した国策を建てようというつもり」であったが（『岡田啓介回顧録』）、しかし肝心の国防と外交は最初から審議会の範囲外とされたから、きわめて制約されたものであった。しかし委員は前首相の斎藤実をはじめ各界から「堂々たる顔ぶれ」を集めて、世人から「裏内閣」

といわれた（前掲書）。この審議会に国同総裁の安達が一枚加えられたのである。岡田内閣の現状維持的性格を非難し、安達や幹事長の山道がともすれば与党的になるのを快《こころよ》しとしなかった中野は、安達の審議会入りについて『我観』六月号に「安達さんに望む」の一文を発表、「此の政界唯一の先輩」が「準元老級」ともいうべき審議会委員に「栄達」したことにより、自分の肩が軽くなった思いがするといい、すでに七十三歳の安達氏にとって自分の主張などは「子供の政治論」に過ぎないであろうとして、つぎのようにいった。

政治とは現状に立脚して現状を弥縫《びほう》することを云ふなら、筆者は何時とはなしに所謂《いわゆる》政治の範疇を逸脱して、国家改造の革新事業に参加して居るのである。老巧なる政治家を引き摺《ず》りて、子供の政治論に同行せしめんとするのは、抑々《そもそも》無理な注文である。老巧者は其の立場に於て国家の為に尽すがよい。自分も亦其の立場に於て進むべき道がある。

夫人多美子

ともすれば先輩を凌轢《りようれき》しがちな中野としては、努めて謙抑《けんよく》の筆で書いているが、これは憲政会以来久しく親分子分の間柄にあった安達への袂《べい》別《べつ》の辞である。

国民同盟脱退

同年十二月九日、正式に国民同盟を脱退。みずからいう分離派《セパレーショニスト》はその面目を発揮したのである。

夫人の死

結核のため久しく病床にあった夫人多美子は九年六月三十日に亡くなった。行年四十一。

二男の死

十年七月二十五日、二男雄志、敗血症のため死去。行年十九。

仏壇守となる

中野家に不幸相次ぎ、「自分は昭和九年来独身の仏壇守《もり》として生きたる也」と

「遺書」の一節に書いた生活がはじまる。その寂寥《せきりよう》を慰めるほとんど唯一の楽しみは毎早朝の乗馬であった。彼が十年十二月に書いた「暁風に乗る」のつぎの一節は、多感な中野の心情をよく伝えている。

乗馬

友人中に乗馬を心得た者がある。片足では危ないとて、懇々説諭してくれる。友情誠に忝《かたじ》けない。併し自分は答へて云ふた。僕の一身、人情忍ぶ可らざるの惨苦、次々に襲ひかかる。僕の身体之に耐ふべきも、僕の心為に傷つきて耐へざらんとす。唯乗馬のみ僕を夢幻の境にもたらし去る。四蹄軽く郊野を過ぐるの時、雲煙の間に出没して禍福共に忘る。これが真に自分の境涯か。

孤影悄然

児を失ひ、妻を失ひ、又児を失ひて孤影悄然《こえいしようぜん》たり。これが真に自分の境涯か。少なくとも馬に乗るの時、夢と現実とを超越する。馳《は》せて馳せて、空のきわみ地の果てまで馳せ行きたらん時、そこに再び見る能はざる眼底の姿がヒヨッコリ笑顔を見せはせぬか。突然に元気な声で喚《よ》びかけはせぬか。嬉しき思ひ、やるせなき心、それが馬の馳するがままに、移り行く環境と共に、淡く来り、軽く去る。これは愉快と不快と、歓喜と悲哀と、夢と現《うつつ》とを超越したものである。之は今日の自分が楽しみ得る唯一の境涯である。

一二　東方会の孤塁に拠って

蒋介石と会談

国民同盟を脱退してから、華北・華中・中支の視察に出かけた中野は、十一年（一九三六）一月十三日、南京の軍官学校で旧知の蒋介石総統と三時間余の単独会見をした。

二月二十日、総選挙、無所属で最高点当選。

『我観』を『東大陸』と改題

この選挙では中野をはじめ国民同盟脱退者はみな「中立」で立候補したが、雑誌『我観』を六月号から『東大陸』と改題して東方会の機関誌とするとともに、漸次積極的政治活動に入り、翌十二年（一九三七）四月三十日、林（銑十郎）内閣のもとに行われた総選挙には、二十名の東方会公認候補を推して十一名が当選、さらに同年十二月には繰上げ当選者が一名出て、東方会所属代議士は十二名となった。

東方会会長となる

総選挙直後の五月十二日、赤坂区溜池三十番地の東方会本部で全体会議を開き、党役員・宣言・綱領等を決定、中野が会長になった。革新倶楽部以来、犬養毅・加藤高明・若槻礼次郎・浜口雄幸・安達謙蔵と、彼のシャッポはしばしば変ったが、今度は彼自身がシャッポになった。彼はかつて「朝野の政治家」において犬養を論じ、「木堂は矢張精鋭三十騎を率ゐて、天下を横行すれば足れり」といったが、中野は三十騎の半ばにも足りない十二騎をひきい

東方会初の全体会議

て非常時に横行せんとするのである。そして所属代議士数としてはこのときがもっとも多かった。

全体主義を掲ぐ

この会議で決定した綱領中に、「全体主義に則《のっと》り階級的特権と階級闘争とを排除すべし」とあり、はじめて「全体主義」を掲げた。

政党の運命

中野は新会長としての挨拶で、「東方会は多年実践的研究団体であったが、最初の総選挙において総数二十五万票、議員十一名、最高点者五名をかち得たのは、われらこそ国民主義革新陣営の中堅として自重すべき将来を約束される」といい、政友・民政の既成政党は「早晩凋落萎縮《ちょうらくいしゅく》し去るべき運命」にあり、社会大衆党は国家主義をカムフラージしても本質的に社会民主主義であり、国際的非常時にさいしては敗北主義に堕して崩壊するといった。しかし「早晩凋落萎縮し去るべき運命」にあったのはひとり政・民両党だけではなく、社会民主主義政党も、「全体主義」を標榜する東方会も、すべて日本的ファシズムの疾風の前に枯葉のごとく散り果てるのである。

日中戦争積極的軍事行動

七月七日、日中戦争がはじまり、近衛内閣は事変不拡大・局地解決方針を決定したが、東方会はこの方針に反対し、七月三十日、「積極的軍事行動を断行せねばならぬ」と声明。さらに九月二日の全体会議では、英ソの外来的支配勢力の傀《かい》儡《らい》となった南京政府に徹底的打撃を加えること、南京政府を使嗾《しそう》する英ソに警告し反省を促すこと、ドイツおよびイタリアといっそうの理解を進め、土地資源にたいする共通の立場から、相携えて国際経済上の現行支配体制を修正すること等を宣言した。

防共協定から軍事同盟へ

さきに十一年十一月、広田内閣が調印した日独防共協定にたいして、中野は最初冷淡であった。彼はこの協定をもって、極東における国際情勢を緩和するものでなく、かえってドイツのような現状打破を必要とする国とむすんだ結果、「イギリス・アメリカ・フランスのごとき現状維持を必要とする国々との対立を激化して行くような破目に陥った」として、広田首相・有田外相の外交的不手際を非難したくらいである（『東大陸』十二年一月号）。

しかし同年十二月の西安事件後、第二次国共合作成り、ソ連が英国とともに蔣介石政権の後楯となるに及んで、彼は日独防共協定を英ソへの牽制として高く評価するようになり、さらに日中戦争の勃発から独・伊訪問にいたって三国軍事同盟論にまで飛躍する。

独伊訪問

中野は十二年十一月から翌十三年三月にかけて、「国民使節」として独・伊を訪問、十二月二十一日ムッソリーニ、二月一日ヒトラーとそれぞれ会談、米国経由で三月四日横浜着、帰朝した。

広東・海南島取るべし

帰国した中野は、七日近衛首相に報告、八日JOAKより放送、十一日軍人会館における歓迎会で講演、十三日日比谷公会堂における東方会主催講演会、十四日芝水交社において海軍省・軍令部将校に講演、十六日参謀本部における講演と、精力的に活動し、独・伊との提携強化、広東・海南島取るべしと力説した。

おりから日中戦争は、首都南京の陥落後も国民政府の抗戦止まず、ついに近衛内閣はこの年の一月十六日、「爾後国民政府を相手とせず」と声明、いよいよ底なしの泥沼におちいった。中野はこの「相手とせず」声明を支持し、中国の抵抗力の根柢を破壊し、供給の源泉を遮断するため、漢口・広東・海南島を押えなければならぬといい、これを押えるぞという日本の姿勢が決まりさえすれば、「やらざるさきに彼らは崩れ落ちる」といった。

彼の主張どおり、日本軍は漢口・広東を占領し(十月)、海南島に上陸した(十四年二月)。しかし彼らは崩れ落ちなかった。

ファシズムにたいする見方

こういう見通しのあやまりもさることながら、独・伊訪問で彼が犯した最大のあやまりは、ヒトラーやムッソリーニの政治――ファシズムの本質にたいする見方であろう。

彼はナチスのスパイ政治を、「決して弾圧のためにスパイの作用をなして居るものでなく」、北条時頼が雲水《うんすい》姿で行脚《あんぎや》して下情を汲み上げたように、「飽く迄正直なる民衆を保護し、民衆の素朴なる正当なる希望は直ちに取り上げて、敏速に党の威力を以て之を実行する仕組みとなつて居る」といい（『東大陸』十六年一月号）、またヒトラーやムッソリーニは恐怖の対象にあらずして、信頼と魅力の中心であり、「個人と民衆とを恐怖せしめ萎縮せしめる専制者ではない。彼は人を活かして躍動せしめるものであつて、人を圧迫して恐怖せしめる作用を起さない」というのである（同十六年八月号）。

恐怖の支配ではない

ブラムシュテット E. K. Blamstedt は、ヒトラーとムッソリーニの秘密警察を研究した『独裁と秘密警察』という著書に、「恐怖による支配の技術」とサブタイトルをつけている。すなわちブラムシュテットは、ヒトラーやムッソリーニのファシズムを、体系的・組織的な恐怖による支配と見たのだが、中野は彼らを恐怖の専制者ではなくて、国民を躍動させる人だと見たのである。たしかに中野のいうごとく、ヒトラーやムッソリーニの出現するところ、ドイツ国民やイタリア国民の歓呼が期せずして巻き起ったのは事実である。しかし彼が目撃した歓呼と熱狂の裏に、およそ想像を絶する恐怖の支配が厳存したことを、かつて「総督政治論」において朝鮮の憲兵制度を批判した中野も洞察し得なかったのだ。

矛盾

緒方は中野の性格について、残忍なことを忌《い》むこと、中野君よりはなはだしい者はないとして、つぎのようにいっている（『人間中野正剛』）。「わたしの目に映る中野君は、馬車馬的の勇者、才気の奔溢《ほんいつ》する中野君でなくて、慈愛に満ちた、残忍なことはそれこそ虫一つ殺すにさえ堪え得ない、きわめてデリケートな心の持主であった」そういう中野がどうして恐怖の支配である残忍なファシズムを賛美したのか。

文章と弁論の弊

それには、彼が目撃したドイツ国民やイタリア国民の歓呼の陰に潜むものを洞察できなかったことに加えて、彼の文章や弁論の弊を指摘すべきであろう。中野

メリー＝ゴー＝ラウンドの馬

は一代の文章家であり雄弁家であったが、しかし緒方もいうように、とかく誇張と衒耀《げんよう》の弊をまぬかれなかった。彼の代表的演説であり文章である「西郷南洲」や「大塩中斎を憶ふ」にも示されているように、ひとたび彼の筆や舌にかかると、西郷も大塩も層一層美化され純化され理想化されてしまう。その美化し純化し理想化した西郷や大塩——実際の西郷や大塩というよりは、中野の描いたイメージとしての彼らを目標として、その境地に達しようとするのだから、彼の努力と精進をもってしても、なかなか及び得るものでない。ちょうどメリー＝ゴー＝ラウンドの木馬がいつまでたっても前の馬に追いつけないように。そしてこれが中野をして終生憂患の子たらしめたのだ、と緒方はいうのである。

しかし、大塩や西郷等、すでに歴史上の人物の場合は、たとい美化し純化し理想化しても、それは中野の個人的修養の問題に止まる。回転木馬の嘆きは彼だけのものである。けれどもその文章や弁論の「弊」がヒトラーやムッソリーニに及ぶなら、それでは済まない。

独・伊訪問後、中野はヒトラーやムッソリーニに傾倒した。緒方が「憑《つ》きものがしたとしか思えなかった」というほど。だが、中野が傾倒し賛美したヒトラーやムッソリーニは、実在の二人ではなくして、彼の名文と雄弁によって層一層美化し純化し理想化した二人ではなかったか。

「憑きもの」

ファシズムの蜃気楼

中野が憧憬し謳歌《おうか》したファシズムもまた、みずからの筆と舌で美化し理想化した一つのパノラマであり、あるいは蜃気楼《しんきろう》であった。彼が自分のイメージに陶酔していたとき、彼の夢とは似てもつかぬ日本的ファシズムは現実に形成されつつあった。そして日本的ファシズムが東条内閣に具現したとき、彼のパノラマや蜃気楼は忽然《こつぜん》として消え失せるのである。

呼び出し役

中野はのちに日本的ファシズムの典型たる東条内閣と対決するのだが、しかし彼自身もまたこのファシズムの呼び出しに一役を演じたことは否定し得まい。

ガンサーのいう驚くべきこと

昭和十四年（一九三九）二月、東方会と社会大衆党の合同問題が世人を驚かせた。この年の六月に出版されたジョン＝ガンサー John Gunther の『アジアの内幕』は、「日本で唯一の公然たるファシスト的指導者である中野正剛氏」のひきいる東方会と、「尊敬すべき安部磯雄教授」を党首とする社会大衆党の合同を「驚くべきこと」として伝え、「まったく日本はどんな不思議なことでも起り得る状態にある」のだといった（大江専一訳）。合同は失敗におわったのだが、それにしても「驚くべきこと」にはちがいはない。

社会大衆党の右旋回

昭和十二年の総選挙で一躍三十七名に議員を倍化した社大党は、その直後日中戦争がはじまってから、急速な右旋回を余儀なくした。同年十一月には、「わが党は国体の本義にもとづき」云々《うんぬん》という新綱領を発表し、それまで資本主義を「打破」するといっていたのを「改革」すると改めた。さらに国民再組織や新党の動きがしきりと伝えられた十三年六月には、「おのれを空しうして新政党を待望する」という、ほとんど自己否定とも見られる声明を発し、十一月の全国大会では、社大党は新党の中心的母体たるべく、「これがためには民衆の信望を得、軍部ならびに為政者より党の精神ならびに実力をみとめらるるごとくすべきなり」と決定するにいたった。

無産党の自壊声明

中野はこれを無産党の「自壊声明」であり、「此処《ここ》に畜妾《ちくしょう》付の空家ありと貸家札を立てたも同様である」とし、社大党の指導者は純真なるべき建前にもかかわらず、既成政党そこのけのアバズレぞろいだ、と酷評した（『東大陸』十三年七月号）。しかもこのアバズレどもと合同して「全体主義革新政党」をつくろうとしたのだから奇妙なことになる。

社大党・東方会の合同

両党の合同は、十四年のはじめ、中野が修猷館《しゅうゆうかん》の後輩である社大党の三輪《みわ》寿壮《じゅそう》と東海道線の車中で会い、四方山話をしているうち、どちらからともなく「一つ一緒にやろうや」といい出したことからはじまった。そこで渋谷区代々木初台の三宅雪嶺邸を秘密の会合場所とし、社大党の書記長麻生久《あそうひさし》と三輪寿壮、東方会の幹事長由谷義治と杉浦武雄が主として交渉に当り、両党とも解党の上、新党をつくることにスラスラと話が進んだ。はじめは国民同盟も参加することになっていたが、これは途中で脱落した。三宅邸に中野が持参したメモが三輪のところに残っており、それには「革新の気魄《きはく》ある者に限局していたずらに無意味なる多数を求めず」として、社大・国民同盟・第一（議員倶楽部）・東方と名を連ね、「最悪の場合は両党の合同、東方会と社大党の合同」「連立もしくは連盟に非ずして生死相許す単一大衆の党を結成する」とある。

安部・中野の握手

こうして二月九日、両党はそれぞれ解党声明を発表、中野は江戸川アパートに病臥中の安部磯雄を訪ねて劇的な握手を交し、次いで丸ノ内会館で安部社大党委員長と中野東方会長の連名による共同宣言を発表した。同宣言の一節には、

共同宣言

社会大衆党および東方会は、おのおの別個の歴史を有し、その主張において

ときに、前後緩急を異にして来たが、真剣に国家民人を憂慮する点においてはなんら差別はない。窮極押し詰まりたる今日においては、たがいに赤誠を披瀝《ひれき》して大和魂の本能に帰一し、戦友のごとく和親協力して、時代の先駆たるを辞すべきでない。ここにおいて両党はおのおのただちに解党の手続きを取り、血盟の同志を基礎とする全体主義単一国民政党を結成するため、急速に準備委員会を組織することにした

とあり、準備委員には社大党から浅沼稲次郎・河野密・河上丈太郎・三輪寿壮・片山哲・三宅正一その他、東方会から木村武雄・杉浦武雄・由谷義治・稲村隆一その他が挙げられた。

こうして世間を驚かした「全体主義国民政党」はまさに成ろうとした。この合同にたいし、十日付の『東朝』は、政界の現状において一掬《いっきく》の清涼剤であるといい、『読売』は合理的革新の意気のもとに健全な発達を望みたいといって、好意

的な見方をしたが、『東日』だけは、両党の闘士の多くは、つねに「流行思想の先駆」であって、デモクラシーが栄えるとその先駆者となり、階級闘争理論が栄えると無産階級の先駆者となり、今度は全体主義の先駆者として百八十度の転回をしたが、将来全体主義に代るべつの思想が流行し出したら、彼らはまたその先駆者たる役目を勤めるのでないか、といって痛いところを衝《つ》いている。

『東日』の苦言

しかし両党の合同は、二月二十二日にいたり、「問題を具体化するについて、機いまだ熟せざるところあり」との共同声明をもって急転直下打ち切られた。中止の原因は党首の人選にあるとして取沙汰されたが、それよりも最初から乗り気でなかった西尾末広・松岡駒吉らの社民系や総同盟が、党首問題をキッカケに反対を表面化し、これに動かされた安部が新党不参加を表明したためで、要するに合同そのものがむりだったのである。

機いまだ熟せざるところあり

時局の泡沫

社大・東方の合同問題は、時局とともに深まり行く政党の苦悶の一つの現われであり、いわば混沌《こんとん》のなかに浮び出た泡沫《ほうまつ》であろうが、中野としては民政党脱党直後に描いた「社会国民党」の夢をこの合同にむすぼうとしたのかもしれぬ。

議員を辞任

合同に失敗した中野は、三月一日、会員二十数名とともに前線慰問と視察のため中国に向かった。その出発前の声明で日本の政治は喪心《そうしん》状態にあるといったのが、おりからの第七十四議会で問題化し、中野除名論まで起きた。そのため一旦帰国した中野は、三月二十九日、「真っ裸になりて、国民大衆のなかに投ぜん」と声明して議員を辞任した。

国民運動

大正九年、三十五歳で初当選して以来、連続二十年に及ぶ議員生活をみずから閉じた中野は、最後の政治的拠点である東方会の孤塁《こるい》に拠って、彼のいわゆる「国民運動」に挺身《ていしん》した。「真っ裸になりて、国民大衆のなかに投ぜん」との声明どおり、絶え間ない全国遊説を行い、それにつれて組織が伸び、また雄弁家としての彼の盛名が高まった。

一三　南進論

右翼代表
大政翼賛会常任総務
東方会解体
振東社創立

昭和十五年（一九四〇）八月、第二次近衛内閣のもとで新体制準備会ができると、中野は二十六人の準備委員の一人に選ばれた。各界を網羅《もうら》した準備委員のなかで、大日本青年党の橋本欣五郎、黒龍会の葛生《くずお》能久《よしひさ》とともに「右翼団体」の代表として。次いで十月、大政翼賛会結成とともに常任総務となり、すでに解党した各政党に倣《なら》って政治結社東方会を解体した。「常識で考えれば、対立分派を克服した一体の運動に加わり、中核の一部に加わっているならば、一面において東方会というような政治結社に乗って、二つの馬に乗ることは断じてできない」というのが、二十二日の解党大会における中野の挨拶であった。しかし同時に文化団体としての振東社を創立したのだから、解党というよりは党名を変えただけであった。

折角「高度の政治性」を期待された翼賛会ではあったが、翌十六年（一九四一）二月二十二日、第七十六議会の衆院予算委員会で平沼（騏一郎）内相により、政治結社ではなく公事結社であると公然規定され、その変質を明白にしたので、中野は三月七日、常任総務を辞任して翼賛会を脱退するとともに、政治結社東方会を復活した。そのときの声明は翼賛会にたいする中野の見方をよく示している。

翼賛会脱退
東方会復活

大政翼賛会は高度政治性を後退せしめ、専ら官意民達の政府補助機関となすに決したることは、議会に於ける国務大臣の言説によりて明白となった。抑《そも》々《そも》大政翼賛会の創立計画は、近衛公在野当時の腹案を骨子とし、積極的国難打開の一途に猛進すべく、同志団体の結成を目標として出発したものである。然るに中途にして組閣の大命を拝したる近衛公は、首相として現有勢力の均衡の上に立たざる可らざる境遇となり、最も謹慎なる心事の下に、所謂《いわゆる》軍・官・民一致の大政翼賛会を統率するに至ったのである。其の結果大政翼賛会

翼賛会の変質

は認識と傾向とを異にせる構成員の間に、最大公約数を以て一致的主張を見出さざるを得ず、必然の結果、公武合体的便宜主義に堕《だ》して政治的威力を喪失し、遂に議会勢力の一部を前衛とせる現状維持派の逆攻勢に乗ぜらるるに至ったのである。……大政翼賛会は新しき性格を決定して、非常時に奉公するの職責を有するであろうが、自分は行政に先行すべき政治指導力の育成に関し、別個の立場にありて君国に奉公するの責任を痛感するものである。

夏は氷屋冬は焼芋屋

常任総務在任わずか五ヵ月、例によって分離派の面目躍如《やくじょ》。大政翼賛会にあきたらぬ各新聞はおおむね喝采《かっさい》したが、なかには『読売』のように、「塗りかえた看板のペンキいまだ乾かざるにまたもや塗りかえだ。……夏は氷屋で冬は焼芋屋だ」というのもあった。

東方会を復活してから中野はますます国民運動に邁進した。翼賛会当時も遊説は努めて行い、二月六日夜には遊説先広島の旅館で暴漢に襲われ、随行の青年隊長永田正義が重傷を負うた事件もあった。黒い戦闘帽に制服、「東」の字を図案化した徽章や腕章の東方青年隊員が中野の身辺や演説会場を警戒したのは、デモンストレーションであるとともに、そういうテロに備えてであった。緒方はこの「ファッショまがいの黒いユニホーム、ナチのハーケンクロイツ（かぎ十字）に似た徽章」を見て、「まるで憑《つ》きものがしたとか思えなかった」と『人間中野正剛』に書いている。

ハーケンクロイツに似た徽章

狂　者

たしかに翼賛会脱退から太平洋戦争までの中野は憑きものしたかのごとくであった。むかし孔子は、中庸の人を得難いとするなら、自分は狂者と狷《けん》者を同志にしたい、といった。狂者とは進んで取る人であり、中野は孔子のいう「狂者」であった。中野は狂者なるがゆえに、一念発起すれば憑きものせるごとく突進せずにはおれないのだ。

緊　迫

おりから第二次大戦の戦火はバルカンに延びて、四月独軍はユーゴおよびギリ

十万人殺到

壇上の中野正剛

シアに侵入した。同月日ソ中立条約調印、六月独ソ開戦、七月米英の日本在外資産凍結・日本軍南部仏印進駐、八月ルーズヴェルト・チャーチル大西洋会談と、世界情勢の急進展に伴い、国民的雰囲気は緊張して、中野の遊説はいたるところ白熱的な様相を呈した。

五月一日、両国国技館において東方会主催国民大会。『同盟写真特報』は十万人が国技館に押し寄せたと報じている。中野の演説は、「支那問題は支那で解決せず、支那問題を解決せんとするならば、我々は形勢

蘭印の即時確保

アメリカは来らず

『ルーズヴェルト、チャーチルに答へ日本国民に告ぐ』

の進展に順応し、日支戦争の性格を一変し、大東亜解放の聖戦に向ってこれを移行せしめねばならぬ」といい、日ソ中立条約の締結により北方が一時安定したこの機会に、「断々平《だんだんこ》として大東亜共栄圏の礎《いしずえ》を南方に据《す》えつけること」が今日の国難を打開する唯一の道であるとして南進論（蘭印の即時確保）を説き、たとい日本が南進しても「アメリカは今日、日本と戦争はできません」といった（『難局打開の体当り』）。

九月十三日、日比谷公会堂において講演会。中野は、ルーズヴェルト・チャーチルの洋上会談により発表された大西洋憲章を、「これは平和の理想を謳《うた》ったものでなく、傍若無人《ぼうじゃくぶじん》なる英米世界支配の宣言と解すべきであります」といい、日本が三国同盟の義によって戦争に参加しなければならぬ情勢は眼前に切迫しているが、しかし「我起ち上る時、彼はどうして応戦し得るか」といった（『ルーズヴェルト、チャーチルに答へ日本国民に告ぐ』）。

十二月二日、日比谷公会堂において「危機坐視するを許さず」と題する講演会。

もうやりはせぬか

彼は近衛内閣に代った東条内閣に要望してつぎのようにいった。「私共は東条内閣の超非常時的性格に鑑み、寧ろ私は対米問題は予告なしに行動に出でるであらうと予期した者であります。毎朝私は新聞を待ち遠しと拡げて、もうやりはせぬか、目覚《めざ》ましき行動が始まりはせぬか。言論は其の後に従ふものであらふと予期して居つたのであります」。英米は軍隊も船も手一杯、「何の余力あつて、もう一つ東洋で戦《いくさ》がやれますか。」

そして、十二月八日。

一切を天皇と祖国に捧げん

この日、興奮した会員が続々と詰めかけて一杯になった赤坂溜池の本部で万歳を唱和した中野は、「一億国民は久しく隠忍し、久しく待望せり。其の積憤《せきふん》は爆発して、今や真実の敵に直面し得るの快感に微笑するのみ。東方会は草莽《そうもう》の赤誠を捧げて非常時に先駆せり。今や何の幸運か、宣戦の大詔を拝して錦旗を大東亜に奉ずるの光栄を担《にな》ふ。聖恩優渥感泣《ゆうあくかんきゆう》に勝《た》へず、誓つて宿昔《しゆくせき》の覚悟を新にして一切を天皇と祖国に捧げんことを期す」と声明した。

　だが、その朝、東方会代議士の三田村武夫が代々木の中野邸に呼ばれて行くと、中野は沈痛な面持《おももち》で、「まずいことになった」と一言いい、頭を垂れて深く考え込んでいたという。「まずいことになった」とは一体どういう意味なのか。開戦までの彼の一連の言動に照らして、これは一つの謎《なぞ》というほかはない。

「まずいことになった」

一四　東条内閣との対決

独裁への布石

議会も国民も緒戦《ちょせん》の大戦果に眩惑《げんわく》されていたとき、東条内閣は着々と独裁体制への布石《ふせき》をした。開戦直後の十二月十五日に召集された第七十八臨時議会で成立した言論出版集会結社等臨時取締法はその一つである。

言論等臨時取締法

政治に関する結社（政党）を組織したり、政治に関する集会（演説会）を開くときには「発起人において行政官庁の許可を受くべし」とするこの法律は、言論や結社の自由をまったく剝奪《はくだつ》し、生殺与奪《せいさつよだつ》の権を官僚に握らせたのであった。

翼賛選挙

次いで十七年（一九四二）四月三十日の総選挙には、陸軍大将阿部信行を会長とする翼賛政治体制協議会をして候補者にたいする「適正な推薦」を行わせ、衆議院の定員とおなじ四百六十六人の「推薦候補者」を立て、臨時軍事費から選挙資金をあたえた。かつて中野が大正十五年、第五十一議会でシベリア出兵における陸軍機密費問題を摘発したとき、尾崎咢堂があとを承けて、機密費にからむ疑いの雲を今日晴らしておかぬと、将来「政党対陸軍」の問題がかならず起るといったが、東条内閣のいわゆる翼賛選挙は、それをもっとも露骨なかたちで行ったのであった。

推薦拒否

ひたすら戦争遂行に協力し、そのため言論等臨時取締法をも隠忍した中野であったが、この推薦制には反撥し、「阿部信行氏を中心とするこれら諸名士の推薦を推し戴くことは、われらの潔癖がこれをゆるさない」として、二月二十四日、「東条内閣の大東亜戦完遂の決意に対しては絶対に支持協力を惜まぬものであるが、選挙に際して、巷間《こうかん》伝えらるるが如き阿部信行氏を中心とする推薦は之を拒否し、総て候補者は中野総裁の名に於て公認す」と声明。さきに「真っ裸になりて、国民大衆のなかに投ぜん」といって議員を辞任した中野もふくめて四十六人を東方会公認候補に推した。選挙戦の迫った三月二十五日、福岡にいる中学時代の恩師益田祐之《すけゆき》に宛てた手紙は、当時の中野の心境をよく伝えている。

国民の奴隷化

然るに国家の領域は益々拡大して国民は却て奴隷化せんとする情勢は断じて黙過す可らず、今度こそは威武にも権力にも屈せず我徒の本領を発揮し戦果に相応《ふさわ》しき国家を再建せざる可らず、近来官僚の弊は秦時代にも清朝《しんちょう》にも似たるあり、刻々亡国への途を進みつつあるを痛感仕候、東方会は議会中心政党に非ざれども官僚政治の攻勢に対しては戦はざる可らず、堂々たる態度を執る者唯我等のみなるを思ふ時私《ひそ》かに自らを軽んず可らざるを痛感致候来月早々より全国に同志を応援して転戦すべく、選挙の最終の頃福岡に参るべきか、其頃春も既に老いなん、一日拝顔の機あるを楽しみ居候

官僚の弊

惨敗

しかし選挙の結果は中野を入れて七名が当選しただけの惨敗におわった。

翼賛政治会

総選挙後、政府はかねてのプログラムにしたがい、翼賛政治体制協議会を解消

東方会から東方同志会へ

一国一党の実現

蘇峰、自重を勧む

すると同時に、三百八十一名の推薦議員を中心とする翼賛政治会を結成（総裁阿部信行）、これを唯一の政党として、ほかの政党は一切ゆるさぬことにした。東方会も翼政の軍門に降るか、解散かの瀬戸際に追い詰められた。さきに阿部信行ら諸名士の推薦を推しいただくことは、われらの潔癖がこれをゆるさないといった中野は苦悩したが、事態容易ならずと見た徳富蘇峰や緒方竹虎の斡旋もあり、ついに政治結社としての東方会を解体して思想団体東方同志会に切り換えるとともに、七名の代議士はみな翼政会に入会した。中野がかつて提唱した「全体主義単一政党」はここに一国一党の翼賛政治会として実現し、日本的ファシズムを開花したのである。

このとき蘇峰は「東方会諸君にのぞむ」の一文を寄せ（『東大陸』六月号）、尺蠖《せきわく》（尺取り虫）の屈するは伸びんがためなりといい、「以って他日の風雲到来を待つべきである」と切《せつ》に自重を勧めた。以来中野は、早朝の乗馬と、東方同志会付属道場振東《しんとう》塾における『日本外史』の講義にわずかに情熱を遣《や》るごとくであったが、六月のミッドウェー敗戦を転機とする戦局の悪化にいたたまれず、ついに東条内閣と対決するにいたった。

「天下一人を以て興る」

その秋十一月十日、中野は母校早稲田の大隈講堂で、「天下一人を以て興る」と題する三時間に及ぶ講演を行った。彼は戦争の長期戦化とこれに対応すべき生産力拡充について、「生産力があまり面白くないといふことは天下周知の事実である」といい、「魂だけでは勝てませぬ」といって東条内閣の一元的統制経済を徹底的に批判し、さらに

魂だけでは勝てませぬ

『東　大　陸』

自由の精神

千万人と雖もわれ往かん

「自由主義」についてつぎのように述べた。

近来ユダヤ主義排撃と共に自由主義排撃が唱へられて居るが、此の言葉も亦例の国民服の使徒達により、官僚的無邪気さを以て飛んでもない方向へ用ゐられて居る。私は切に之を遺憾に思ふものである。「吾に自由を与へよ、然らずんば死を与へよ」といふ言葉は壮烈な言葉である。私は斯の如き自由の精神を尊いものと思ふ。

吾々は己《おのれ》の魂に目醒めて、自律により自己責任により、千万人と雖もわれ往かんの気概《きがい》を有せねばならぬ。国家の大方針に対する正邪善悪の決定を一に偶然の権力把握者に一任し、国策だ全体主義だと怒鳴《どな》らるれば、無批判に拝《はい》趨《すう》するが如きは決して忠良の臣民たる所以《ゆえん》ではない。私はこの日本人として正しく生きんがために、自己の自由によりて死を選ぶ人物を友としたい。

物の本質を見ずして自由主義は怪《け》しからぬと唱へ、凡《およ》そ民間的言議行動を罪悪視するが如きは思はざるの甚しきものである。左様な便乗主義者が天下に跋扈《ばっこ》して人の個性を奪ふ。囚《とら》はれたる己の量見で小さく人を律する。権力の為の権力に服従せざるものを自由主義と言ふならば、私は「吾に自由を与へよ、然らずんば死を与へよ」と叫びたい（『東大陸』十六年十二月号・十七年一月号）。

自由か死か

〃巨人〃ヒトラー

中野はおなじ講演で、〃巨人〃ヒトラーを称《たた》え、「マイン＝カンプ」（『わが闘争』）をドイツ語で読むことを勧め、また「全体主義は個人を滅却しない。個性をますく尊重することによつて全体を躍動させる」といっている。この全体主義観はあやまっており、また自由主義とヒトラーを同時に賛美することももとより矛盾にちがいない。しかしながら、若くして中国の辛亥《しんがい》革命に参加し、「余は政治上において自由を愛するが故に、一部閥族党人の専制を懌《よろこ》ばず」とて孫文の革命を支持して以来、「議会中心政治」を綱領とする民政党時代まで彼に一貫した自由主義、そして満洲事変後久しく眠っていた彼の内なる自由主義が、この講演においてふたたび火を噴《ふ》いた観がある。「天下一人を以て興る」は、まだまだヒトラーや全体主義の殻がくっついているとしても、自由民権の熱烈な使徒として人生に旅立った中野が、幾山河の遍歴ののち、最後に発した彼本然《ほんぜん》の叫びではなかったか。

本然の叫び

この講演速記を読んだ『朝日』の大西斎《いつき》は、光焔万丈、堂々たる偉論で、おそらく早稲田大学創始以来の名講演であろうと評したが（『東方時報』十八年一月十五日付）、中野自身としても会心《かいしん》の講演だったと思われる。

東条への宣戦

次いで十二月二十一日、日比谷公会堂で行った「国民的必勝陣を結成せよ」と題する講演は、「天下一人を以て興る」の大衆版で、そしてもっと痛烈であった。緒方は「これは名は演説会であるが、実際は文字どおり東条内閣にたいする宣戦であった」といっている（『人間中野正剛』）。政府もまたこれを「宣戦布告」と見て、以後

演説を禁止さる

中野の演説は一切許可しないことにした。竹のステッキに身を託して登壇し、全国いたるところ超満員の聴衆の歓呼を浴びた隻脚《せっきゃく》の雄弁家は、こうして国民の前

から姿を消すのである。

『朝日』元旦号の発禁

この中野にたいする東条の憎悪《ぞうお》がいかに激しかったかは、『朝日』の昭和十八年（一九四三）元旦号の発禁処分に明白に表われている。同紙に掲載された写真入り、囲み十段の中野の論文「戦時宰相論」は、諸葛孔明・桂太郎・クレマンソー Georges E. B. Clemenceau 等歴史上の戦時宰相を論じて東条を諷《ふう》したもので、つぎのように述べている。

「戦時宰相論」

大日本国は上に世界無比なる皇室を戴いて居る。忝《かたじ》けないことには、非常時宰相は必ずしも蓋世《がいせい》の英雄たらずともその任務を果し得るのである。否《いな》日本の非常時宰相は仮令《たとい》英雄の本質を有するも、英雄の盛名を恣《ほしいまま》にしてはならないのである。……彼（孔明）は虚名を求めず、英雄を気取らず、専ら君主の為に人材を推挽《すいばん》し、寧ら己の盛名を厭《いと》うて、本質的に国家の全責任を担《にな》つて居る。……日露戦争に於て桂公は寧ろ貫禄なき首相であつた。彼は孔明

孔明

桂太郎

のやうに謹慎には見えなかつたが、陛下の御為に天下の人材を活用して、専ら実質上の責任者を以て任じた。山県公に頭が上らず、井上侯に叱られ、伊藤公を奉り、それで外交には天下の賢才小村（寿太郎）を用ひ、出征軍に大山（巌）を戴き、聯合《れんごう》艦隊に東郷（平八郎）を推し、鬼才児玉源太郎をして文武の聯絡《れんらく》たらしめ、傲岸《ごうがん》なる山本権兵衛をも懼《おそ》れずして閣内の重鎮とした。而して民衆の敵愾心《てきがいしん》勃発して日比谷の焼討となつた時、窃《ひそ》かに国民に感謝して会心《かいしん》の笑《え》みを漏《も》らした。桂公は横着なるかに見えて、心の奥底に誠忠と謹慎とを蔵し、それがあの大幅にして剰《あま》す所なき人材動員となつて現はれたのではないか。そして中野はこの一文を「難局日本の名宰相は絶対に強くなければならぬ。強からんが為には、誠忠に謹慎に廉潔に、而して気宇広大でなければならぬ」とむすんだ。

この原稿はあらかじめ情報局の検閲を受けた。検閲当局は執筆者とテーマからして極度に神経を使って検閲したが、一字一句の削除もなしにパスした。しかし謹慎ならず気宇広大ならざる東条は、首相官邸の一室でこれを読むや、ただちにかたわらの卓上電話を取り上げて情報局を呼び出し、『朝日』の発売禁止を命じた。怒気憤々《ふんぷん》として。

東条の激怒

東条は二月一日、第八十一議会の貴族院本会議で、敗戦をもたらす原因の一つに国論の不統一を挙げ、「第二の場合は国の足並みの乱れることである。これは明瞭に敗戦である。したがって国内の結束を乱す言動にたいしては徹底的に今後もやって行く。たといその者がいかなる高官であろうと、いかなる者であろうと容赦《ようしゃ》はいたさない」と重大発言をしたが、これは東条が重臣近衛文麿と中野の二人をマークしたのだと取沙汰された。

容赦はいたさない

戦刑法改正

東条内閣はこの第八十一議会で、倒閣運動も大臣の不信任も政府批判もすべて「国政変乱」の罪に問われるおそれがあるところから、「内閣不可侵法」と呼ば

第八十二臨時議会

鳩山一郎

れた戦時刑事特別法改正案を強行成立させて、独裁体制の仕上げを行い、さらに六月十六日には企業整備と食糧増産に関する法律案、予算案を審議するため第八十二臨時議会を開いた。ところが食糧増産や企業整備のような国民の死活に関する大問題を審議すべき臨時議会がたった三日間の会期なので、議員のあいだに不満が多かった。中野はこの機会をとらえて政府と翼政会に警告しようと、三木武吉を通じて鳩山一郎に連絡し、三人そろって十七日夜の翼政会代議士会に出席した。このとき鳩山六十一歳、

鳩山の発言

三木六十歳、中野五十八歳。席上、打合せのとおり鳩山が発言し、「今度の臨時

議会で審議する議案は食糧増産と企業整備に関する法案であるが、両案とも国民生活に直接重大な関係を持つ案件であるとともに、戦争遂行の面から考えてもきわめて重大である。したがって十分に慎重審議して、国民によく理解せしめ、政府をして実施にあやまちなからしめることが、われわれ議会政治家に課せられた任務である。単に命令服従の関係で国民を引っ張るということでなく、十分納得させた上で協力をもとめることが肝要である。しかるに今議会はわずかに会期三日間、衆議院における審議は実質的には一日に過ぎない。これでは審議は形式だけで実際に審議したとはいえない」といって、慎重審議するため場合によっては会期を延長するよう政府に申し入れよと翼政幹部に要求した。

中野の発言

鳩山の発言は理路整然、大いに傾聴させたが、幹部はにべもなくこれを一蹴《いっしゅう》したものだから、二番手の中野は憤然として起ち、「前議会においてガダルカナルの後退展開の報に接し、今度は山本元帥の戦死、アッツ島玉砕の報に接するにいたった」と戦局の逼迫から説き起してつぎのようにいった。「政府の要求どおり議会を運営するならば議会は有名無実になる。しかも現在日本の議会には政党として翼政会がただ一つあるだけだ。その唯一の翼政が幹部の専断により、政府の意のままに動くとしたら、東条内閣は完全な独裁政府となるではないか。およそ権力の周囲に阿諛《あゆ》迎合のお茶坊主ばかり集まっていると、善意の権力者をして不《ふ》逞《てい》の臣たらしめ、ついには国を亡ぼすにいたる。日本をあやまるものは政治上層の茶坊主どもだ！」

三木の叱咤

『朝日』の評

翼政会の最高幹部をその面前で「茶坊主」と罵倒したので、幹部派の議員が一《いっ》斉《せい》に中野を野次り出すと、三木が仁王立ちになって「黙れ！」と叱咤《しった》、当夜の代議士会は『政界情報』(十九日付)が報じたとおり「活気に満ちたというよりは、無気味にちかい凄愴な様相」を呈した。翌日の『朝日』はこれをつぎのように評している。「今日の代議士会は、かなり旧政党時代のそれとは変っている。その変化のもっとも大いなるものは、今日の代議士会が、ある意味での議会的本能を多分に発揮している、という事実である。ある欝積《うっせき》せるものを、ここで発散しようとする傾向がある。この傾向は、前議会でも見受けられたが、今議会では、十七日夜の代議士会で、かなり顕著に露呈された。この夜は珍しく鳩山一郎氏が発言し、中野正剛氏またこれにつづいた。ために場内は色めいた。しかも、そこに湧き出た議会的本能は、さすがに悪い性質のものではなかった。この議会的本能の再吟味の必要があると思う。」

議会的本能の再吟味

翼政会脱退

臨時議会後、中野と鳩山は翼政会を脱退し、一国一党にヒビが入った。このとき国民同盟当時同志だった清瀬一郎が、「君はいつもオードブルか、せいぜいスープまでで出て行ってしまうが、今度はコーヒーまで辛抱してはどうか」と慰留したそうだが(『人間中野正剛』)、そんな辛抱のできる中野ではない。分離派は有終《ゆうしゅう》の美を飾ったといえるだろう。

こういう場合、いつも得意の筆で声明書を発表して来た中野だが、今度はそうせず、ただ機関紙『東方時報』八月号につぎのように書いただけであった。「自分は時勢に対して深憂を抱き、また自ら任ずるところもある。しかし言論の窮屈なる時代に制限されたる声明書を発表するといふ義理合もあるまい。今日本国は緊張している。広く声明せねば意志が分明でないとは云ふもの丶、この頃では行動だけで人々は理解する。声明なき行動も已《や》むを得ないことではあるまいか。」

声明なき行動

そして裏面では、もう一つの声明なき行動、否、声明をゆるされざる行動——東条打倒の重臣工作が、この年の春まだ浅いころから進められていたのである。

一五　重臣工作

重臣会議

最後の元老西園寺が昭和十五年に亡くなってから、政変のさい後継首班を奏薦《そうせん》するのは、総理大臣の前歴者と枢密院議長で構成する重臣会議であった。日米間が緊迫した十六年十月十六日、第三次近衛内閣が近衛の対米妥協方針と陸相東条の強硬態度の衝突のため総辞職したあと、木戸内大臣は重臣会議を招集した。席上、若槻や岡田は、のちに東京裁判の検事側が、「おそらく戦争を回避し得たであろう唯一の人物」と呼んだ宇垣一成《かずしげ》を推したが、東条を支持する木戸に押し切られてしまった。東条内閣は重臣の期待に反して開戦し、日本的ファシズムともいうべき独裁体制を実現したが、やがて生産力は低下し、戦局は悪化した。

鬼子

東条内閣は重臣会議の鬼子《おにご》となった。この鬼子を生んだ重臣の連帯責任を問うて、重臣の総意により東条を退陣させ、代って宇垣を擁立し、全面的敗北にいたらぬ前に早期講和を計ろうとした重臣工作は、国士的政治家として知られた大竹貫一が示唆《じさ》したともいい、あるいは中野が三田村武夫を京城にやり、朝鮮総督板垣征四郎の意を叩《たた》いた結果ともいわれている。

重臣の説得

ともかく十八年（一九四三）の早春から、中野は天野辰夫（弁護士、神兵隊事件首謀者）・松前重義（逓信省工務局長）・田辺忠男（企画院勅任調査官）・日下《ひのした》藤吾（同調査官）、さらに鳩山らと協力して重臣の説得に奔走した。ガソリンが不自由なため、自分で馬車を駆って重臣を歴訪した中野は、優柔な重臣の態度に、「ダメだなあ、あの連中は、まるでオモチャの機械人形だ。ネジをかけないと動かない。こちらが目の前で真剣に話しかけておるあいだはわかっているが、今度会うともうネジがもどっている。あの連中を一々ネジかけて回るのは、なかなか骨が折れるよ」と嘆声《たんせい》をもらしたことを、当時中野邸に住んで秘書役をしていた会員が書いている（高橋勝三『中野正剛先生自刃の真相とその遺訓』）。また同書は、四－

オモチャの機械人形

咢堂の手紙

五月ごろ、尾崎咢堂が中野に手紙を寄せたことをも記している。この手紙はのちの一斉検挙のさい押収されてしまったが、レターペーパーにペンで横書きに書いたもので、つぎのような内容であったという。「日本はこのままではかならず敗れる。戦争は全国民の下から盛《も》り上がる力で戦われねばならないのに、日本では逆に、東条のごとき狂人独裁者が国民を上から押えつけ、奴隷扱いにしている。あなたはこれにたいしてもっとも勇敢に戦っておられる。まことに感謝に堪えない。自分はもう九十にちかい老齢で第一線のお役に立たない、残念だ。中野さん、どうかシッカリやってくれ。」

中野さん、シッカリやってくれ

かつて大正の政変に、咢堂を討閥軍の論功第一なりと称《たた》え、「嗚呼《ああ》野生《やせい》は将に来らんとする憲政の春を、咢堂先生足下《そっか》と共に楽まんことを欲して已《や》まざる者なり」といったのは青年記者中野であった。やがて憲政の春は回《めぐ》り、政党政治の花開いたが、それも束《つか》の間、非常時の進展に連れて咢堂と中野の主張や行動はまったく乖離《かいり》したが、しかし日本的ファシズムが東条内閣に具現するに及んで、この先輩と後輩とはふたたび共通の立場に身を置いたのであった。

枢軸の崩壊

おりから、五月十二日、北アフリカの独伊軍降伏。七月十一日、米英軍シシリー島上陸。七月二十五日、ムッソリーニ失脚、次いで逮捕、ファシスタ党解散、バドリオ Pietro Badoglio 政権出現と——、日独伊枢軸は急テンポに崩壊しつつあり、かねて三国同盟の推進者たりし中野の苦悩と焦燥《しょうそう》は、いよいよひたむきな東条打倒に拍車したのであった。それこそ、憑《つ》きものせるごとくに。

清盛のごとく井伊のごとく

中野に重臣工作を示唆《じさ》したという大竹貫一が一友に宛てた十七年十一月二十四日付の手紙には、「東条は昨今、平清盛の如く、幕末の井伊の如く、自己の進路に不利と認むるものを、皆片っ端より片付ける方針にて物議盛んなり」とあり(『大竹貫一先生小伝』)、よく当時の雰囲気を伝えているが、中野も東条打倒の工作をする以上、弾圧はもとより覚悟の前で、その覚悟や死生観は、振東塾《しんとうじゅく》の講義のおりにもらさ

振東塾

れている。振東塾は昭和十五年、世田谷区成城町十番地、ちょうど東宝撮影所の裏側に新築した道場で、中野はそこで日曜ごとに『日本外史』の講義をした。とくに十七年十二月二十一日の日比谷公会堂の演説を最後に一切の公開演説を禁止されてからは、振東塾の講義が彼の磊塊《らいかい》を吐き出すただ一つの場となった。この講義の速記をまとめたのが、十八年二月東方同志会が出版した『太閤秀吉』と、二十八年正剛会が出版した『遺稿・建武中興史論』の二巻である。

『太閤秀吉』『遺稿・建武中興史論』

　塾の講義とはいっても、いつも特高や憲兵が列席して聞き耳を立てていたのだから、政治的な問題には努めて触れなかったが、明治維新の精神的な原動力ともいわれる『日本外史』に託して、昭和の幕府的存在である東条政権を諷《ふう》したのであり、またおのずから弾圧への覚悟や死生観が語られたのであった。

弾圧には抵抗あるのみ

　重圧に対抗するには抵抗あるのみ。抵抗するよりほかに弾圧を緩和する道はない。権力によって弾圧を加えられたら、抵抗するほかはない。屈従すれば相手はどこまでも増長する。俗悪なヤツほどそうだ。諸君は正しきを持《じ》して戦え。強い弾圧にたいしては強い抵抗。抵抗のみが圧迫を緩和する。憐憫《れんびん》に訴えてお手加減を願うというようなことはダメ。権力の手先になっているヤツに、人に情をかける者はメッタにあるものじゃない。恐怖のみが彼らを反省せしめる（『遺稿・建武中興史論』）。

大将がさきに死ね

革新の先駆となる者は強くなくちゃダメ。同志が奮闘しているあいだに、大将が妥協したりしちゃ話にならん。よく妥協する者はこんなことをいう、自分が死んだら、あとに人がいないから……と。そんなことをいうからいないのだ。自分が死ねば、その壮烈なる死に刺激せられて、後継者はかならず出てくる（同）。

死生観

人間は現前の刻一刻が全生命であり、修養の活舞台である。あらゆる環境に対して最善を尽し、全生命を躍動せしめながら、其の精神の最高峰に於て死ぬ人が偉人である。西郷隆盛が城山で死なれた時、彼の心境は生涯の中の最高頂に達して居った。キリストは十字架に懸けられて息が絶える時、人と神との境を突破して神になった。これでなければ英雄じゃない。聖人でもない。一度び英雄の功績を顕《あら》わした人も、その英雄的心境が維持されなくなった時には、もうそれは英雄の堕落である。聖人が偽善者に堕落するのも其刹那《せつな》である。世の中には往々にして精神の方が先に死んでしまって、肉体の生命と世間の虚名だけが残っている人もある。……それではいかぬ。人間は精神活動の最高頂に達した時に死にたいものである（『太閤秀吉』）。

当時、中野の家庭は、残された二人の子供のうち三男達彦は十七年十月に入営し、七十八歳の老母と四男の泰雄の二人が肉身としているだけであり、その泰雄も十二月には学徒出陣しなければならぬ。東条打倒に命を懸けた父と、学徒出陣が迫った子とのそのころのことを、「はじめて僕は共通の運命の前に親しい存在として父を見ていた」と泰雄は書いている（『中野先生の思い出』）。

春まだ浅いころから奔走した重臣工作にようやくめどがついたのは八月に入ってからで、重臣一同で東条を招待し、その席上、重臣の総意として辞職を迫り、後任に宇垣を奏薦する手筈が整った。『宇垣日記』十八年八月二十三日の項はこれを裏づける一つの資料である。

宇垣・近衛会談

昨日午後近公（近衛公）別墅《べっしょ》に於て、約二時間半に亘《わた》り同公と会談せり。時局の認識、時局の匡救《きょうきゅう》、時局登場の人物批判等に就て、腹蔵なく、隔意なき話合を行ひたり。此の間余としては公の経綸《けいりん》・抱負《ほうふ》も窺へば、公の人物に就ても見直したところ少なからざりし。決意も相当鞏固《きょうこ》なりしことは、従来の人《ひと》目《め》世間を憚りて、窃《ひそ》かに会見を為さんとする傾向を脱却して、平然と同邸にて会見を求められしによりても推知することが出来る。中川・天野氏の一派は、此の会見を以て日本の歴史上画期的の重大会見なりと評しあり、然るか！

宇垣から決意も相当強固と見られた近衛は重臣工作の中心であり、近衛側近の中川以良男爵や天野辰夫は工作推進者である。八月三十日に予定した重臣と東条との会合が計画どおりに運ぶなら、この宇垣・近衛の軽井沢会談はまさしく「日本の歴史上画期的の重大会見」となるはずであった。

重臣、東条を招く

さて八月三十日の会合を翌日の『朝日』は、「重臣、閣僚と懇談」という小さな見出しでつぎのように報じた。「政府は大東亜戦争開戦以来、逐次、かつて総理大臣たりし若槻礼次郎男、岡田啓介海軍大将、平沼騏一郎男、近衛文麿公、米内《よない》光政海軍大将、広田弘毅氏、阿部信行陸軍大将ならびに原（嘉道）枢密院議長らを招待、内外の諸情勢を説明、懇談を行い、去月二十三日までに八回に及び、この会合を重ねて来た。今回、これら重臣諸氏が従来の招待にたいする返礼の意味をかね、政府側を招待することになり、三十日正午、華族会館に東条首相兼陸相、重光（葵）外相、賀屋《かや》（興宣）蔵相、島田（繁太郎）海相、鈴木（貞一）企画院総裁らを招待、重臣側から若槻男、岡田大将、平沼男、近衛公、米内大将、広田氏、阿部大将出席（原枢府長欠席）午餐をともにしつつ最近の国際情勢、戦局に関し種々懇談して同一時過ぎ散会した。」

当てがはずれた

終戦直後ベストセラーになった『旋風二十年』には、この会合で重臣から総辞職を迫られた東条が居直って、万一自分が辞めたらあとにバドリオ（二〇四ページ参照）が出るから断じて退くわけには行かぬと怒号し、「東条の一喝をくらった重臣連は口ほどもなく、もろくも腰を砕いてしまった」とあるが、事実はそれほど派手な場面まで行かなかったのである。最初、東条一人だけ呼んで総辞職を要求するつもりだった「決意も相当鞏固なりし」近衛以下の重臣は、形勢を察したらしい東条が、重光・賀屋・島田・鈴木の四人をひきいて来たので、勝手がちがったか気おくれしたか、折角の要求もいい出し切れず、すこぶる気まずい会食としておわったのである。『岡田啓介回顧録』には、東条を真中に据えておいて、大いにいってやろうと思っていたのに、彼が手兵《しゅへい》をひきいて来たので、やむを得ない、またの機会を待つことにしてお座なりにおわってしまったとして、「大いに当てがはずれた気持だったよ」と書いている。

重臣工作は無慙《むざん》な失敗におわった。「この日、重臣会議のすべてを知って、代々木の自邸に帰られた先生を玄関に迎えたわたしは、怒りと悲しみを押しつつんだ無言の先生の姿を、いまもなお忘れることができません」と会員の一人はいっている(『中野正剛先生自刃の真相とその遺訓』)。

この重臣工作を評して、緒方は、稚拙《ちせつ》はなはだしいものといい(『人間中野正剛』)、また津久井《つくい》龍雄は、そのやり方は中野流のすこぶる無造作なものだった、といっている(『右翼』)。稚拙といい無造作といい、その感はなくもないが、しかし東条内閣が翌十九年七月、重臣一同による内閣不信任の申し合せによって倒れたのを見ても、その狙《ねら》いが決してまちがっていなかったことは事実である。一年後にできた東条

失敗

勇気なき重臣

不信任の重臣申し合せが、なぜ十八年八月には不成功だったのか。それは東条内閣がなお勢威隆々《りゅうりゅう》として日本的ファシズムの威力を誇示《こじ》していたからであり、それにたいし重臣側に勇気がなかったためである。

城狐社鼠

皮肉

重臣工作はいわば頼むべからざるものを頼んだ失敗であった。一方、五・一五や二・二六を快哉《かいさい》し、政党解消や全体主義を提唱した中野は、したがって現状維持派である重臣を攻撃し、彼らが日本国内において「政治的特権租界」を形成しているといい、また城や神殿など人がみだりに踏み込めぬ安全なところに棲《す》んで悪事を働く城狐社鼠《じょうこしゃそ》（君側の奸臣）とまで罵った。その中野が、東条内閣に具現した日本的ファシズムを打倒する最後の手段として、重臣に頼らざるを得なかったのははなはだ皮肉であり、またしたがって重臣側がこういう中野に満幅の信頼を寄せ得なかったのも不思議ではなく、これが計画齟齬《そご》の一因となった。

重臣工作のクライマックスはこうして呆気《あっけ》なくおわったが、それにつづくカタ

早暁の一斉検挙

ストロフィ（結末）は悲劇となる。十月二十一日早暁《そうぎょう》、東方同志会等三団体の一斉検挙により、中野は警視庁留置場の十号独房に検束された。この検挙は行政執行法第一条によるいわゆる行政検束であった。しかしこれでは、第八十三臨時議会が二十五日に召集されるので、議員の身分を保障する旧憲法五十三条によって議会召集前に釈放しなければならぬ。焦慮《しょうりょ》した東条は警視庁・東京憲兵隊・検事局を督励し、陸軍刑法および海軍刑法の「造言蜚語《ぞうげんひご》」容疑をもって、東京地裁に起訴前の強制処分を請求した。議会召集日たる二十五日夜のことである。しかし宿直の予審判事小林健二は、すでに議会は会期中であり、造言蜚語では議会の許諾なしに議員の逮捕はできない、との理由で検事局の請求を拒否した。こうして中野は正式に釈放されたわけだが、警視庁はなぜか帰宅をゆるさず、二十六日朝まで留めおいたのであった。

一六　自刃

東京憲兵隊の謎

十月二十六日午前六時、警視庁を出た中野は、玄関前で待っていた四方《よも》東京憲兵隊長の車で、九段下の憲兵隊に拉致《らっち》された。それから午後二時帰宅するまで、憲兵隊でどんなことがあったのかはいまも謎のままである。のちに酒に酔って、

中野を殺したのは自分だ

「中野を殺したのは自分だ」と放言した（細川護貞『情報天皇に達せず』）東京憲兵隊長四方諒二、直接中野の取調に当った憲兵中尉大西和男の二人が、いまにいたるも墓のごとくに沈黙して語ろうとはしないからである。

ヒトラー・ムッソリーニとの袂別

看視の憲兵とともに帰宅した中野は、居間に入るとすぐ猶興居《ゆうこうきょ》の学生にいいつけて、欄間にならべて掛けてあるヒトラー・ムッソリーニ・チアノ Galeazzo Ciano（イタリア元外相）の三人の写真を取りはずし、納戸《なんど》に片付けさせた。「たまに家に帰って

みると、彼らから見おろされるようでおもしろくないから……」といって。ヒトラーの写真はドイツ大使館から贈られたもの、ムッソリーニとチアノは、「国民使節」として訪問したとき贈られた署名入りの写真である。

「強い酒」

独伊訪問後、中野はヒトラーやムッソリーニに傾倒し、全体主義を謳歌《おうか》し、三国同盟を推進した。当時の駐日米大使グルー Joseph C. Grew は『滞日十年』のなかで、第二次大戦初期におけるドイツの輝かしい成功は、日本人の頭に強い酒のような作用をしたと述べているが、中野もまたこの「強い酒」に酔った一人である。「見おろされるようでおもしろくない」という意味は、どういうことかよくわからないが、しかし死の当日、独裁者たちの写真を取りはずしたことは、グルーのいう「強い酒」の酔いから覚めたのか、緒方のいう「憑《つ》きもの」が落ちたのか、それが独房における五日間の沈思、日本的ファシズムの爪牙《そうが》たる憲兵との対決の直後だけに、なにか寓意《ぐうい》するものがあるように思われてならない。

欲窮千里目
更上一層楼

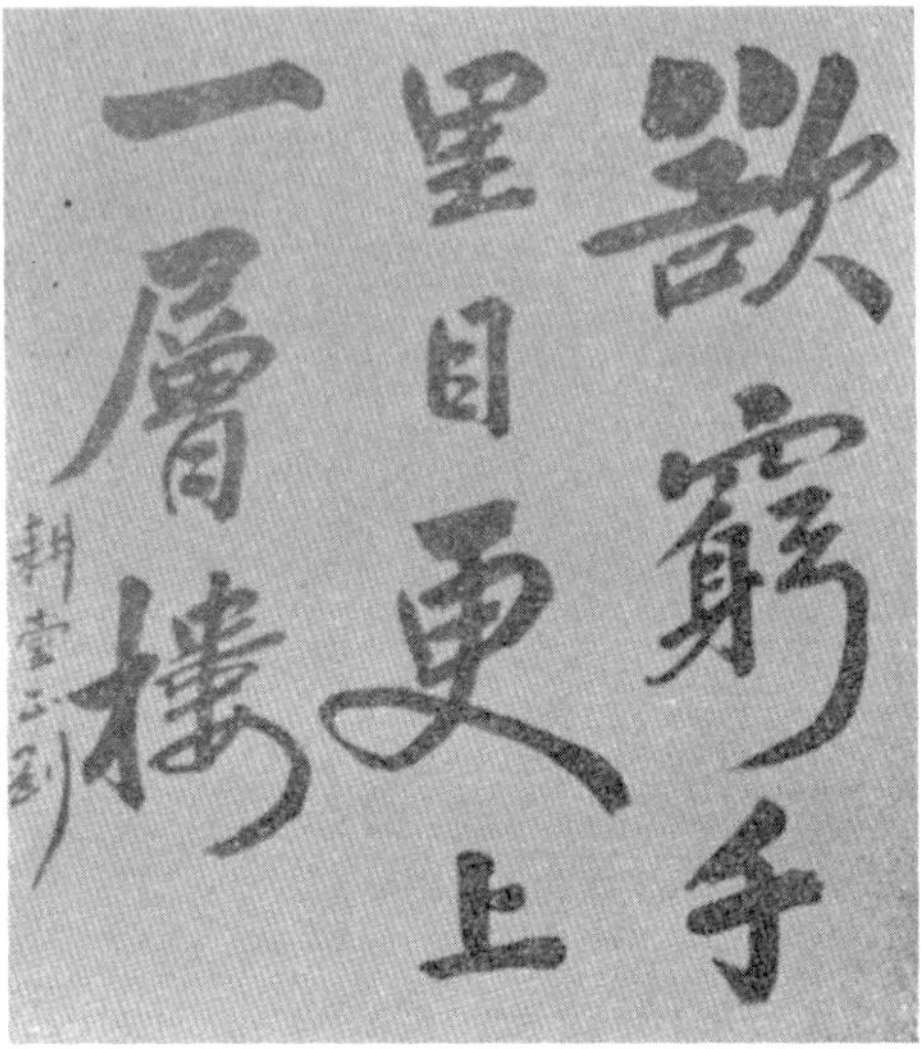

最後の揮毫

入浴して留置場の汚れを落し、髪を染め、寒いから羽織を出してくれといい、郷里黒田藩の士族が好んで用いた郡《こおり》山《やま》の紋付羽織を着た。死装束を整えたのである。

食事まで二階の書斎にいた中野は、隣室の泰雄を呼んで色紙《しきし》を二枚出させ、唐の詩人王之《おうし》渙《かん》の「登㆓鸛鵲楼㆒《かんじやくろうにのぼる》」の詩の後二句「欲㆑窮㆓千里目㆒、更上㆓一層楼㆒」（千里の目を窮めんと欲し、さらに一層の楼に上る）と書き、「習字の手本にしやい。一枚は達彦にやれ」といってあたえた。

切腹

　母トラ、泰雄、帰宅の報を聞いて来た弟秀人《ひでと》、妹の吉村ムラとともに平常と少しも変らぬ談笑のうちに夕食を終えた中野は、ふたたび書斎に上ったが、十時ごろ降りて来て、隣室の二人の憲兵に、「もう電灯を消して寝ろよ」と声をかけてから居間に入った。

　翌朝、女中が変り果てた主人の姿を見つけた。左足が義足の中野は椅子を東向きにして腰かけ、向かい合わせに置いた肘掛《ひじかけ》椅子に頭と右肩をもたせかけて死んでいた。腹を真一文字にうすく切り、左頸動脈《けいどうみゃく》を切

自刃に用いた椅子

断して。

遺書は二つに分け、一つは習字用のシナ紙を刀で切った、とりどりの大きさの十三片にしたためたものを、「護国頭山先生」と表書した封筒に収め、隣室の仏壇に入れてあった。

頭山、三宅、徳富
盟友諸君
東方会、猶興居、感慨無窮
皇軍万万歳
魂魄《こんぱく》躍動皇国を護る
父上、民子、克明、雄志、清イ心デ御目ニカカル
母上様へ合掌、達彦、泰雄、恩愛無量、戦争ト人生ヲ戦ヒヌケ
泰介、秀人、緒方叔父サン、進藤兄サン、永田夫妻

神様に謝し奉る

遊佐サン、阿部サン、愛馬ノ処分タノム
運転手、馬丁、女中、不愍《ふびん》をかけよ、御世話になりました
決意一瞬、言々無《む》滞《たい》、欲レ得二三日《の》閑《を》一、陳述無茶、人ニ迷惑ナシ
忠孝父母、母不幸
之ダケ書クノハ大苦心ダツタ、此の最後の機を得た幸運を（家に帰って皆に訣別、刀が一本残っていた）
神様に謝し奉る

もう一つの遺書は、二百字詰原稿用紙四枚に書いて、居間の机の上に置いてあった。この二つを読み合わせれば、自決直前の中野の心境と態度はほぼ推測し得られよう。

仏壇の書置、人手に渡すな、頭山先生に頼む
議員辞任する手続頼む、多くの先輩同志に感謝す
ゴウ天井を住居に忌むと云ふ、作りかへよ、自分は昭和九年来、独身の仏壇

東向九拝

守として生きたる也
刀の切先が丸くて切れそうにない、時計の側《がわ》でネタ刃を合せたが駄目、そこで腹の方は軽くまねかたにして仕損じぬようにやる、東向九拝、平静にして余裕綽々《しゃくしゃく》、自笑、儂《わし》は日本を見ながら成仏する、悲しんで下さるな

明るい死顔

蒼《あお》白い顔、固くつぶった目、少しほころびかけたように前歯を出している口、髪は染めて黒く、苦悩から解放されて、なにか光を受けているかのように明るい死顔だった、と泰雄は書いている（『父・中野正剛伝』）。

死亡時刻

こうして自《じ》刃《じん》は壁一重隣に寝ている看視役の二人の憲兵も気づかぬほど静かに行われた。机上にあった名刺の裏に「断十二時」と書いてあり、絶命まで数分を要すると見て、中野の死亡時刻は十月二十七日午前零時を何分か過ぎていたであろう。

葬儀

葬儀は三十一日午後青山斎場で行われた。東条内閣のあらゆる圧迫にもかかわ

「中野が東条に勝った」

無量院釈正剛居士

留魂碑

らず、この日の会葬者は実に二万。『朝日』は、諸名士の会葬引きも切らず、故中野氏の政治的生涯を飾るにふさわしい葬儀であったと報じた。中野の葬儀が非常な盛儀になったならば、中野が東条に勝つことになるのだと考えた葬儀委員長の緒方は、「中野が東条に勝った」とつぶやいた（『人間中野正剛』）。しかし当の中野——無量院釈正剛居士《こじ》は、すでに東条との勝敗や愛憎を超越し、自決当夜愛児に書き遺《のこ》した王之渙《おうしかん》の詩そのままに、さらに一層の楼に上《のぼ》って、千里の目を窮めていたのではないか。

緒方竹虎

翌十九年（一九四四）十月二十八日、ちょうど一周忌法要の翌日、徳富蘇峰撰、緒方竹虎書の「留魂碑」が多磨墓地に建碑された。八十一翁蘇峰の老手に成る「留魂碑文」は、「中野正剛君、昭和十八年十月二十七日暁東京都渋谷ノ邸ニ自裁ス、人其ノ何故タルヲ知ル者無シ、但《た》ダ君ノ遺骸ノ従容《しょうよう》トシテ能ク士道ノ規矩《きく》ヲ遵守《じゅんしゅ》シタルヲ見テ偶然ナラザルヲ悲ムノミ」と冒頭し、縷々《るる》として中野を偲《しの》んでいるが、いま、多磨墓畔の留魂碑を訪《おとず》れる者のもっとも感慨に堪えないのはつぎの一節であろう。

> 若シ夫レ君ガ世界ノ大勢ニ著眼シ、日独伊防共協定ヲ必須《ひっす》トシ、之ヲ一転シテ其ノ同盟結成ニ努力シ、天下ニ向テ米英撃滅ノ急先鋒ト為リ、遂ニ国論ヲ喚起シテ大東亜戦ヲ見ルニ致ラシメタルモノ、敢テ之ヲ特筆セザルヲ得ズ。

蘇峰は故人にたいする「頌詞《しょうし》」としてこれを書いた。しかしこれこそ、おなじ碑文に「人其ノ何故タルヲ知ル者無シ」という中野自刃の理由であった。

略年譜

年次	西暦	年齢	事項
明治一九	一八八六	一	二月一二日、福岡市西湊町五八番地に生る。父泰次郎、母トラ。長男。幼名甚太郎
二一	一八八八	三	五月、同市西町四六番地に移転
二四	一八九一	六	四月、西町小学校（のち当仁小学校となる）に入学
二八	一八九五	一〇	四月、福岡師範付属小学校高等科に入学
三二	一八九九	一四	四月、福岡県中学修猷館に入学したが左足カリエスのため休学
三六	一九〇三	一八	二月、『同窓会雑誌』第二号に「菊池寂阿公」を発表〇七月二九日、正剛と改名
三八	一九〇五	二〇	三月、修猷館卒業〇四月、早稲田大学高等予科に入学
三九	一九〇六	二一	七月、早大政治経済学科に進む
四〇	一九〇七	二二	八月、父泰次郎質屋を廃業し、地行東町四八番地に移転
四一	一九〇八	二三	七月、丁鑑修とともに満洲に旅行し、途中大連に金子雪斎を訪う
四二	一九〇九	二四	四月、妹ムラ、吉村弥太郎と結婚。一家上京して牛込区弁天町の借家に入る〇五月、『日本及日本人』五月号に浩洞迂人の名で「土佐の民権婆さんと語る」発表〇同月、徳三宝との柔道試合に勝つ〇七月、早大政治経済学科卒業。日報社に入社。『東日』に「東北遊記」連載〇一一月、日報社退社〇一二月、東京朝日新聞社に入社

明治四四	一九一一	二六	五月、戎蛮馬の筆名で「朝野の政治家」を『東朝』に連載○一〇月、博文館より『八面鋒——朝野の政治家』出版○一一月、機構改革により大阪通信部に移る○一二月、「対岸の火災」連載○同月、特派員として頭山満の一行とともに革命の中国に渡る
四五	一九一二	二七	一月、帰国○八月、妹テル、竹田隆吉と結婚○一〇月、「明治民権史論」連載
大正二	一九一三	二八	一月、「与ふる書」連載○三月、『明治民権史論』出版○五月、『七擒八縦』出版○七月二八日、三宅雪嶺の長女多美子と結婚○八月、京城特派員として赴任○九月、満洲視察
三	一九一四	二九	四月、「総督政治論」連載○五月一〇日、長男克明生る○一二月、強引に帰京
四	一九一五	三〇	三月、欧洲留学に出発○五月、ロンドン着○同月、『我が観たる満鮮』出版
五	一九一六	三一	一月末よりフランス・スイス・イタリア・スペインを歴遊○七月、アメリカ経由で帰朝。大阪朝日新聞社退社
六	一九一七	三二	二月、『世界政策と極東政策』出版○四月、総選挙にはじめて福岡市から立候補し落選○この年『東方時論』に執筆をはじむ
七	一九一八	三三	二月一九日、次男雄志生る○三月から六月まで中国視察○九月、『東方時論』の経営者となる○一二月、『東方時論』特派員として全権団とともにパリ講和会議に出発
八	一九一九	三四	一月、パリ着○二月、パリを去りロンドンに向う○四月、杉森孝次郎とともに帰朝○五月、『大朝』に「講和会議を目撃して」を、『大毎』に「講和会議の表裏」をそれぞれ連載○七月、『講和会議を目撃して』出版
九	一九二〇	三五	五月、衆議院議員に初当選○七月、第四三議会で処女演説○一〇月、満州・朝鮮視察○

			一二月一五日、三男達彦生る
一〇	一九二一	三六	一月、無所属倶楽部結成○二月、第四四議会で対露不干渉決議案説明 ○三月、『満鮮の鏡に映して』出版○この年猶興居を開く
一一	一九二二	三七	六月一〇日、四男泰雄生る○一一月、革新倶楽部に参加
一二	一九二三	三八	三月、第四六議会で露国承認演説○五月、神田青年館における露国承認演説会に出演○九月、関東大震災のため神田区美土代町の東方時論社屋を焼失したのを機会に同誌と関係を断つ○一〇月、岳父雪嶺とともに『我観』を創刊
一三	一九二四	三九	五月、総選挙に第二回当選○同月、革新倶楽部を脱し憲政会に入る
一四	一九二五	四〇	二月、第五〇議会に提出された治安維持法案に反対 ○八月より一一月にかけてシベリア・満洲・中国北部を視察
一五	一九二六	四一	三月、第五一議会で陸軍機密費問題を摘発、査問委員会に付さる ○四月、『中野正剛対露支論策集』出版○六月、左足の整形手術に失敗、隻脚となる
昭和二	一九二七	四二	二月、若槻憲政会内閣の大蔵参与官となる ○四月、内閣総辞職に伴い参与官辞任 ○五月、第五三議会で枢密院弾劾演説○六月、民政党創立に参加
三	一九二八	四三	一月、九州日報社長となる○二月、最初の普通選挙に最高点当選○七月二〇日、父泰次郎死す○一二月、『田中外交の惨敗』出版
四	一九二九	四四	一月、第五六議会予算総会で満洲某重大事件に関し田中首相と一問一答○七月、浜口民政党内閣成立とともに逓信政務次官となる

昭和五	一九三〇	四五	七月、『国家統制の経済的進出』出版○一二月、逓信政務次官辞任
六	一九三一	四六	六月、前田病院で左足の再手術○七月一七日、長男克明死す○八月、『沈滞日本の更生』出版○一二月、協力内閣の運動に失敗し安達とともに民政党脱党。安達の秘書伊豆富人の名で『安達さんの心境を語る』出版
七	一九三二	四七	一月、渋谷区代々木本町八〇八の新居落成○同月、日本青年館で講演「政局の真相と吾徒の動向」○同月、『転換日本の動向』出版○二月、総選挙に当選○九月、満洲国視察○一二月、国民同盟の結成に参加
八	一九三三	四八	一〇月、逓友同志会統令となる○同月、東方会再建○同月、『国家改造計画綱領』出版
九	一九三四	四九	三月、大阪毎日新聞社より『帝国の非常時断じて解消せず』出版○六月三〇日、夫人多美子死す○八月、逓友同志会統令を辞任
一〇	一九三五	五〇	七月二五日、次男雄志死す○一二月、国民同盟脱退○同月、中国視察○同月、『日本国民に檄す——北支風雲の煙幕を通して』出版
一一	一九三六	五一	一月、南京で蒋介石と会談○二月、総選挙に当選○六月、『我観』を『東大陸』と改題○九月、『危機線上の日支』出版○一〇月、『支那をどうする』出版
一二	一九三七	五二	四月、総選挙に当選○五月、東方会全体会議○一一月、独伊訪問に出発○同月、『日本は支那を如何する』出版○一二月、ムッソリーニと会見
一三	一九三八	五三	二月、ヒトラーと会見○三月、帰朝。AKより放送のほか各所にて報告講演○五月、『魂を吐く』出版○九月、AKより対独放送

一四	一九三九	五四	一月、東方会全国大会○二月、社会大衆党との合同に失敗○三月、前線慰問と視察のため中国へ○同月、衆議院議員辞任○七月、撃英東亜民族大会
一五	一九四〇	五五	八月、『九州日報』を読売新聞社に譲渡 ○同月、新体制準備会委員となる○一〇月、大政翼賛会常任総務となる。東方会解体、振東社創立。道場振東塾落成
一六	一九四一	五六	二月、遊説先広島の旅館にて兇漢に襲わる○三月、大政翼賛会脱退。東方会再建○五月一日、国技館において国民大会○九月一三日、日比谷公会堂において「ルーズヴェルト・チャーチルに答へ日本国民に告ぐ」講演会○一二月二日、日比谷公会堂において「危機坐視するを許さず」講演会○同月一七日、国技館において国民大会
一七	一九四二	五七	二月、翼賛政治体制協議会による総選挙の候補者推薦を拒否○四月、総選挙に非推薦候補者ながら最高点当選○五月、翼賛政治会入会。政治結社東方会を解体し思想団体東方同志会と改む○一〇月、三男達彦入営○一一月一〇日、早大大隈講堂において「天下一人を以て興る」と題し講演○一二月二一日、日比谷公会堂において「国民的必勝陣を結成せよ」講演会。以後演説を禁止さる
一八	一九四三	五八	一月一日号の『朝日』、中野の「戦時宰相論」のため発禁となる○二月、『太閤秀吉』出版○同月、東条打倒の重臣工作に着手○同月二五・六両日の『東京』に「ルーズヴェルトに応対す」を執筆○三月、戦時刑事特別法改正案に反対○五月二九日、福岡市聖福寺にて郷土の諸先輩三百名の追悼会を催す○六月二日、母校修猷館で講演○同月一七日、翼政会代議士会で幹部を弾劾し、一九日、同会を脱退○七月一八日、義母三宅龍子（花圃）

死す○八月三〇日、重臣工作失敗○九月六日、代議士三田村武夫検挙○一〇月二一日、一斉検挙により警視庁留置場に検束さる○同月二五日、東京憲兵隊にて取調べ○同月二六日午後二時、看視の憲兵とともに帰宅○同月二七日午前零時、自殺○同月二八日、開会中の第八三臨時議会衆議院において中野にたいする弔詞を決議○同月三一日、青山斎場にて葬儀

主要参考文献

中野正剛著『八面鋒』　博文館　明治四四
中野正剛著『明治民権史論』　有倫堂　大正二
中野正剛著『七擒八縦』　東亜堂書房　大正二
中野正剛著『講和会議を目撃して』　東方時論社　大正八
中野正剛著『中野正剛対露支論策集』　我観社　大正一五
中野正剛著『沈滞日本の更生』　千倉書房　昭和六
中野正剛著『転換日本の動向』　千倉書房　昭和七
中野正剛著『魂を吐く』　東大陸社　昭和一三
中野正剛著『太閤秀吉』　東方同志会　昭和一八
中野正剛著『遺稿・建武中興史論』　正剛会　昭和二八
山浦貫一著『森　恪』　森恪伝記編纂会　昭和一五
緒方竹虎著『人間中野正剛』　鱒書房　昭和二六

細川　護貞著『情報天皇に達せず』　同光社磯部書房　昭和二八
森　正　蔵著『旋風二十年』　鱒　書　房　昭和三〇
鳩山　一郎著『鳩山一郎回顧録』　文芸春秋新社　昭和三二
高宮　太平著『人間緒方竹虎』　四　季　社　昭和三三
中野　泰雄著『父・中野正剛伝』　新光閣書店　昭和三三
御手洗辰雄著『三木武吉伝』　四　季　社　昭和三三
猪俣敬太郎著『中野正剛の悲劇』　今日の問題社　昭和三四

著者略歴

明治四十四年生れ
昭和八年早稲田大学政経専門部卒業
北海タイムス・小樽新聞記者を経て、著述業
昭和五十九年没

主要著書
中野正剛の悲劇

人物叢書 新装版

中野正剛

昭和三十五年 六 月二十日 第一版第一刷発行
昭和六十三年 三 月 一 日 新装版第一刷発行
平成 五 年 二 月 一 日 新装版第二刷発行

著 者 猪俣敬太郎《いのまたけいたろう》
編集者 日本歴史学会
代表者 児玉幸多
発行者 吉川圭三
発行所 株式会社 吉川弘文館
東京都文京区本郷七丁目二番八号
郵便番号一一三
電話〇三―三八一三―九一五一〈代表〉
振替口座東京〇―二四四
印刷＝平文社 製本＝ナショナル製本

『人物叢書』（新装版）刊行のことば

人物叢書は、個人が埋没された歴史書が盛行した時代に、「歴史を動かすものは人間である。個人の伝記が明らかにされないで、歴史の叙述は完全であり得ない」という信念のもとに、専門学者に執筆を依頼し、日本歴史学会が編集し、吉川弘文館が刊行した一大伝記集である。

幸いに読書界の支持を得て、百冊刊行の折には菊池寛賞を授けられる栄誉に浴した。

しかし発行以来すでに四半世紀を経過し、長期品切れ本が増加し、読書界の要望にそい得ない状態にもなったので、この際既刊本の体裁を一新して再編成し、定期的に配本できるような方策をとることにした。既刊本は一八四冊であるが、まだ未刊である重要人物の伝記についても鋭意刊行を進める方針であり、その体裁も新形式をとることとした。

こうして刊行当初の精神に思いを致し、人物叢書を蘇らせようとするのが、今回の企図である。大方のご支援を得ることができれば幸せである。

昭和六十年五月

日本歴史学会

代表者　坂本太郎

〈オンデマンド版〉
中野正剛

人物叢書　新装版

2020年（令和2）11月1日　発行

著　者　猪《いの》俣《また》敬《けい》太《た》郎《ろう》

編集者　日本歴史学会
代表者　藤田　覚

発行者　吉川道郎

発行所　株式会社　吉川弘文館
〒113-0033　東京都文京区本郷7丁目2番8号
TEL　03-3813-9151〈代表〉
URL　http://www.yoshikawa-k.co.jp/

印刷・製本　大日本印刷株式会社

猪俣　敬太郎（1911～1984）

ISBN978-4-642-75111-7